노동분쟁해결 시리즈1

ADR
대안적 분쟁해결 제도

김태기·김학린·서광범
윤광희·이 정

principles

박영사

서문

 우리는 직장생활을 시작하면서 여러 가지 갈등 및 분쟁과 마주하게 된다. 채용과정에서의 부당한 차별을 비롯하여 시용 이후의 본채용 거부, 평가·승진·배치전환에 대한 불만, 직장 내 괴롭힘과 성희롱, 징계처분 및 고용해지(해고) 뿐 아니라 노동조합에 가입해 있으면 노동쟁의에 이르기까지 다양한 분쟁과 조우하게 된다. 이처럼 직장 내에서 발생하는 분쟁은 당사자가 그 원인을 잘 알기에 스스로 해결하여 원상회복하는 것이 가장 이상적이다.

 그러나 직장 내에서 일어나는 분쟁의 당사자는 회사와 직원 또는 상사와 부하와 같은 특수한 관계에 있는 경우가 많기 때문에 가해자는 물론 피해자 쪽에서도 적극적으로 문제시하지 않는 경향이 있다. 또한 피해자가 용기를 가지고 문제제기를 하더라도 이를 적극적으로 해결할 수 있는 기업 내 고충처리시스템이 원활하게 기능하지 않기 때문에 종국적으로는 회사와의 결별을 각오하고 법정에서 다투는 경우도 종종 볼 수 있다.

 노동분쟁은 다른 분쟁과는 달리 계속적인 고용관계를 전제로 하기 때문에 자주적 해결이 가장 바람직하며, 여의치 않을 경우에 대비하여 화해나 조정·중재 등을 통해 가능한 한 분쟁이 자율적으로 해결될 수 있는 도움을 주는 제도적 장치가 필요하다. 우리보다 산업화를 먼저 경험한 선진국에서는 재판시스템과는 별도로 노동사건을 먼저 화해나 조정·중재를 통해 분쟁을 해결하는 소위 '대안적 분쟁해결(ADR: Alternative Dispute Resolution)제도'가 발달되어 있는데, 영국의 ACAS와 미국의 NLRB와 FMCS, EEOC가 대표적이다. 최근에는 일본과 독일도 대안적 분쟁해결에 관한 법제도를 정비하는 등 ADR에 많은 관심을 보이고 있다.

한편 우리나라에서도 노동분쟁을 전문적으로 해결하는 ADR기관으로서 노동위원회가 있다. 노동위원회는 올해로 설립 70주년을 맞이할 정도로 역사가 길고, 그동안 수많은 노동사건을 해결하여 산업평화에 기여한 바가 매우 크다. 특히 노동위원회는 설립 당시와는 달리 개별분쟁까지 관할하게 되면서 해고를 중심으로 하여 노동사건의 8~9할을 해결하고 있으며, 최근에는 직장 내 괴롭힘과 고용상의 차별사건까지 담당하게 되면서 노동사건 전반을 관할하고 있다고 할 수 있다.

이러한 노동위원회의 관할 대상의 확대는 긍정적인 면도 있으나, 노동위원회가 법원과 같이 노동분쟁을 일도양단하는 것이 바람직한 해결방식인가에 대해서는 의문을 가지게 된다. 특히 노동분쟁은 기존의 권리·의무 관계를 다투는 권리분쟁보다 근로조건의 변경과 같이 향후의 권리·의무 관계의 설정을 둘러싼 이익분쟁이 많은 만큼, '전부 vs. 전무(all or nothing)'식 해결보다는 화해와 조정을 통한 해결이 요구된다. 그럼에도 불구하고 아직까지 우리 노동위원회는 설립 당시의 조직에서 탈피하지 못한 채 고질적인 전문성과 예산부족 등으로 ADR기관으로서의 기능적 한계에서 벗어나지 못하고 있다.

중앙노동위원회는 위와 같은 문제의식을 가지고 지난 1년간 우리나라 실정에 맞은 대안적 분쟁해결제도의 구축을 위한 연구에 천착해 왔다. 본 연구에는 ADR활용의 기본이 되는 협상과 의사소통, 대표적인 ADR 기법으로 화해와 조정·중재 그리고 노동 ADR의 전제가 되는 노동법 분야의 전문가들이 다수 참여하여 거의 매주 열띤 토론을 거쳐 의견을 수렴하였다. 그동안 중앙노동위원회가 주축이 되어 수행한 연구결과를 공유함과 동시에 ADR 교육에 조금이나마 도움을 주고자 논의 결과물을 조심스럽게 세상에 내놓게 되었다.

ADR은 아직도 우리문화에는 낯선 제도인 만큼, 이를 체계적으로 가르치는 커리큘럼은 물론 이를 소개하는 책조차 전무한 실정이다. 이에 이 책에서는 우선 ADR의 원론적인 내용(level 1)에 대해 소개한 다음, 이를 좀 더 보완하여 ADR의 심화된 내용(level 2, level 3)을 차후에 소개하고자 한다. 아무쪼록 노동위원회 창립 70주년을 기념하여 기획한 이 책이 노동사건을 일상적으로 마주하게 되는 기업현장의 고충처리위원이나 노동위원회 관계자 및 공인노무사·법조인들이 실무를 수행함에 있어 조금이나마 도움이 된다면 더없는 영광이라 생각한다.

2024년 3월
집필자 일동

차례

제1장 협상

[김태기]

Ⅰ. 협상이란 무엇인가? 16

  1. 삶의 지혜로서 협상 16

  2. 사람은 이기적인가? 17

  3. 사람은 합리적인가? 17

  4. 갈등에서 분쟁으로의 임계점 18

  5. 분쟁의 양상이 제각각인 이유 19

  6. 다양하고 복잡한 노동분쟁 20

  7. 분쟁 당사자의 상호대응 방식 21

  8. 분쟁을 해결해도 유감이 남는 이유 21

  9. 분쟁 해결의 3가지 논리 22

  10. 노동법의 분쟁 해결 논리 24

  11. 분쟁 해결의 4가지 유형 25

Ⅱ. 협상은 어떻게 하는가? 27

  1. 협상에 나설 때와 아닐 때 27

  2. 협상의 이익과 협상 가능 영역 27

  3. 협상에서 승자와 패자는 없다 29

4. 협상력이란? ·· 31

5. 노사의 협상력은 어떻게 결정되나? ·········· 32

6. 양보냐 협력이냐? ································ 35

7. 시간과 싸움, 20/80의 파레토 법칙 ········· 36

8. 협상에도 단계가 있다. ·························· 37

9. 대화와 정보 교환 ································· 38

10. 첫 번째 제안 ···································· 39

11. 위협이냐 엄포냐 ······························ 39

12. 양보도 잘하는 법이 있다. ···················· 40

13. 앞으로 예상하고 뒤로 추리한다. ············ 41

14. 입장을 이익으로 바꾼다. ····················· 42

15. 화해·조정 등의 활용 ·························· 44

16. 노동분쟁과 화해·조정·중재 ················· 46

17. 직장생활과 협상 ······························· 47

18. 직장인의 고충 해결 ··························· 48

Ⅲ. 협상을 잘하려면 ······························ 51

1. 협상에 대한 오해부터 털어내자 ·············· 51

2. 성향의 차이를 존중하자 ······················· 52

3. 이념의 차이도 극복할 수 있다 ·············· 53

4. 협상의 이익은 다면적이다. ·················· 53

5. 협상은 테크닉이 아니다 ······················ 54

6. 문제의 진단부터 ······························· 55

7. 협상의 프로토콜 만들기 ······················ 56

8. 의사소통은 정확하게 ·························· 57

9. 심리적 문제의 극복 ··························· 58

10. 협상은 신뢰다 ································· 59

11. 최선의 합의 도출 ····························· 60

12. 합의 이행의 장치 ··· 61

13. 합의 이후의 과제 ··· 62

14. 협상 스킬의 가치 ··· 62

제2장 의사소통

[서광범 · 윤광희]

Ⅰ. 의사소통이 왜 중요한가? ··· 68

1. 의사소통의 오류로 겪는 문제들 ·· 68

2. 의사소통이 중요한 이유 ·· 70

(1) 누구나 의사소통을 한다. ··· 70

(2) 모든 대화는 관계를 형성한다. ····································· 71

(3) 말은 현실을 만들어내고, 삶의 모습을 구성한다. ················· 71

(4) 말은 그 사람의 인격의 수준을 말해준다. ························· 72

(5) 자존감의 수준에 따라 대화방식도 달라야 한다. ················· 72

Ⅱ. 의사소통을 방해하는 요소 ··· 74

1. 역기능적 의사소통 ·· 74

(1) 자동반사적이고 감정적인 상호작용 ······························· 74

(2) 솔직하지 않은 의사소통 ··· 74

(3) 언어적 메시지와 비언어적 메시지의 불일치 ······················ 75

(4) 불분명한 의사소통 ·· 76

(5) 제3자를 통한 간접적인 의사소통 ·································· 76

(6) 왜 건강하지 못한 방식으로 의사소통을 하게 되었을까? ·········· 77

2. 의사소통을 방해하는 경청의 걸림돌 ··································· 77

(1) 추측하여 넘겨짚기 ·· 78

(2) 대답할 말 준비하기 ··· 79

(3) 건성으로 듣기 ·· 79

(4) 판단하기 ··· 79

(5) 딴 생각하기 ··· 80

(6) 조언하기 ·· 80

(7) 말다툼하기 ··· 81

(8) 옳아야만 하기 ··· 81

(9) 은근슬쩍 넘어가기 ·· 82

(10) 비위 맞추기 ··· 82

(11) 내 말만 하기 ··· 82

(12) 비교하기 ··· 83

Ⅲ. 의사소통의 기본 기술 ··· 84

  1. 듣기 기술 ··· 84

    (1) 수용적 자세로 주의를 집중하고 인정하는 반응하기 ········ 85

    (2) 열린 마음 ··· 86

    (3) 내면 자각하기 ·· 86

    (4) 정확히 듣고, 간결하게 바꾸어 말하기 ·························· 87

    (5) 개방적인 질문을 통해 명료화하기 ································ 87

    (6) 긍정적이고 공감적으로 반영하기 ································· 88

  2. 말하기 기술 ·· 88

    (1) 감정을 정확하게 표현하기 ·· 90

    (2) 기대하는 것을 분명하게 전달하기 ································ 91

    (3) 나-메시지를 보낸 후 적극적 경청으로 전환하기 ·········· 92

  3. 질문하기 ·· 93

    (1) 의사소통에서의 질문 ··· 93

    (2) 부적절한 질문 ·· 94

    (3) 적절한 질문 ·· 95

    (4) 시야를 넓히는 개방적 질문 ·· 96

  4. 협상과정에서의 의사소통 ··· 97

    (1) 협상에서의 의사소통에 대한 오해 ································ 97

    (2) 협상에서 의사소통을 잘하는 요령 ································ 98

  5. 직장 내 고충처리 과정에서의 의사소통 ······························ 100

    (1) 고충문제가 사건화 되기 이전에 발견하라 ···················· 100

　(2) 원인분석의 의사소통 ·· 101

　(3) 해결책 모색의 의사소통 ··· 103

Ⅳ. 화해·조정인이 가져야 할 기본태도 ······················· 105

　1. 화해·조정인의 기본자세 ·· 106

　2. 진정어린 대화 태도 ··· 107

　3. 공정성, 일관성, 책임감 ·· 108

　4. 인간으로서 존중하는 태도 ··· 109

　5. 편안한 분위기 조성 ··· 110

　6. 서로의 기대를 동일하게 존중하기 ································ 110

제3장 화해·조정·중재

[김학린]

Ⅰ. 화해·조정이란 무엇인가 ······································· 114

　1. 협상이 교착상태에 빠지면… ·· 114

　2. 대안적 분쟁해결과 화해·조정 ····································· 115

　3. 대안적 분쟁해결 방법의 장점과 다양성 ····················· 117

　4. 소송 vs 협상 ··· 118

　5. 화해·조정 vs 중재 ··· 119

　6. 화해·조정과 촉진 ··· 120

　7. 노동분쟁에서의 화해·조정 ··· 121

Ⅱ. 화해·조정의 의미와 특징 ···································· 123

　1. 화해·조정은 언제 필요할까? ·· 123

　2. 화해·조정이 시작되면 분쟁해결 과정이 어떻게 변화되는가? ········· 124

　3. 화해·조정은 어떠한 조건에서 성공적으로 진행될 수 있는가? ········ 125

　(1) 화해·조정에 대한 자발성과 동의가 필요하다 ················ 125

　(2) 화해·조정인의 중립성이 유지되어야 한다 ····················· 125

(3) 문제해결의 자율적 해결 의지가 있어야 한다 ································ 126

4. 화해·조정의 특성 ·· 126

Ⅲ. 화해·조정인의 역할과 역량 ······················· 127

1. 화해·조정인의 역할 ·· 127

(1) 분쟁해결 절차의 설계 및 관리자 ···························· 127

(2) 문제해결의 촉진자 ·· 128

(3) 의사소통 매개자 ·· 128

2. 화해·조정인의 자질과 역량 ······································ 129

Ⅳ. 화해·조정의 유형 ······························· 132

1. 화해·조정 활동의 기본은 '촉진'이다 ···························· 132

2. 대안에 대한 객관적 '평가'도 화해·조정 활동의 중요한 일부이다 ····· 133

3. 화해·조정인도 필요하면 최종적 화해·조정안을 제시할 수 있다 ····· 135

4. 당사자 간 관계변화를 유도하는 전환형 화해·조정 ·············· 136

5. 맞춤형 화해·조정 방식의 선택과 설계 ························· 137

Ⅴ. 화해·조정 4단계 과정 ························· 138

1. 화해·조정 1단계 - 동의단계 ····································· 138

2. 화해·조정 2단계 - 사전 조사단계 ······························· 139

3. 화해·조정 3단계 - 화해·조정회의 실행단계 ·················· 141

4. 화해·조정 4단계 - 화해·조정 이후 단계 ···················· 143

Ⅵ. 화해·조정 시나리오별 대응기법 ··········· 145

1. 화해·조정 시나리오 1 - 화해·조정 중지 ······················· 145

2. 화해·조정 시나리오 2 - 합의 취하 ····························· 147

3. 화해·조정 시나리오 3 - 일반 취하 ····························· 147

4. 화해·조정 시나리오 4 - 조정 불성립(조정안 거부) ············· 148

5. 화해·조정 시나리오 5 - 조정 성립(조정안 수락) ·············· 149

6. 모든 분쟁이 공적 화해·조정의 대상이 되는 것은 아니다 ········· 150

Ⅶ. 중재의 활용 ··· 152

   1. 중재란 무엇인가 ··· 152

   2. 중재의 유형과 장단점 ·· 153

   3. 중재와 화해·조정의 혼합적 사용 ······················· 154

제4장 노동법

[이 정]

Ⅰ. 노동법의 탄생 배경 ··· 160

Ⅱ. 헌법과 노동기본권 ··· 161

   1. 시민법 원리의 수정 ··· 161

   2. 노동기본권의 보장 ·· 162

Ⅲ. 노동법의 구성 ·· 163

   1. 개별적 노동관계법 ·· 163

   2. 집단적 노사관계법 ·· 164

   3. 노동시장법 ··· 164

Ⅳ. 노사자치규범 ·· 165

   1. 근로계약 ··· 166

     ⑴ 채용내정과 취소 ·· 168

     ⑵ 시용과 본채용 거부 ····································· 169

   2. 취업규칙 ··· 169

     ⑴ 취업규칙이란? ·· 169

     ⑵ 취업규칙 불이익 변경 ··································· 170

   3. 단체협약 ··· 171

     ⑴ 단체협약이란? ·· 171

     ⑵ 단체협약의 구성 ·· 172

     ⑶ 단체협약의 효력 ·· 172

⑷ 단체협약의 유효기간 ·· 173

V. 노동법의 3주체 ··· 173

1. 근로자 ·· 174

⑴ 근로기준법상 근로자 ··· 174

⑵ 노동조합법상 근로자 ··· 175

2. 사용자 ·· 176

⑴ 근로기준법상 사용자 ··· 176

⑵ 노동조합법상 사용자 ··· 176

3. 노동조합 ·· 177

⑴ 노동조합이란? ·· 177

⑵ 노동조합의 요건 ·· 178

VI. 근무환경(근로조건) ··· 180

1. 임금 ··· 180

2. 근로시간과 휴식 ··· 181

3. 인사이동·징계·해고 ·· 182

⑴ 인사이동 ··· 182

⑵ 해고 등의 제한 ··· 184

4. 직장 내 괴롭힘 ·· 186

5. 고용상의 차별 금지 ·· 187

⑴ 기간제법 및 파견법상의 고용차별금지 ································· 188

⑵ 남녀고용평등법상의 고용차별금지 ···································· 189

⑶ 고령자법상의 고용차별금지 ··· 190

6. 산업재해(중대재해) ·· 191

VII. 단체교섭 ··· 192

1. 단체교섭이란? ··· 192

2. 단체교섭의 주체 ··· 192

3. 단체교섭의 대상 ··· 193

4. 교섭창구 단일화 및 교섭단위 분리 ···································· 194

VIII. 쟁의행위 ··· 196
  1. 쟁의행위의 개념과 종류 ································ 196
  2. 쟁의행위의 정당성 요건 ································ 198
IX. 부당노동행위 ·· 199
  1. 부당노동행위란? ··· 199
  2. 부당노동행위의 종류 ·································· 199
  3. 구제절차 ·· 200
X. 노동분쟁의 해결 ·· 201
  1. 행정구제제도(노동위원회) ·························· 201
  2. 사법구제제도(법원) ···································· 202

사항색인 ··· 204

Chapter

01.

협상

01 협상

김태기

Ⅰ. 협상이란 무엇인가?

1. 삶의 지혜로서 협상

우리의 삶은 갈등의 연속이다. 직장은 물론 가정과 사회생활 속에서 날마다 다양한 형태로 사람들과 갈등을 겪는다. 욕구나 불만이 충돌하기 때문이다. 갈등을 잘 해결하는 사람은 발전하지만 그렇지 못하면 갈등으로 괴롭다. 갈등을 해결하는 방식은 그 원인이나 당사자에 따라 달라진다. 하지만 일반적인 해결 방식은 협상이다. 협상이라면 거창하거나 학구적이라고 할지 모르나 사람들이 자신이 원하는 바를 이루기 위한 노력이다. 협상은 삶의 지혜다. 다만 사람에 따라 그 수준에서 차이가 있을 뿐이다. 갈등과 부딪칠 때 감정을 추스르면서 상대방의 말을 잘 들어주고 대화를 부드럽게 하는 지혜가 협상이다. 단지 이러한 인간관계의 노하우, 즉 경험칙을 협상이라 말하지 않았을 뿐이다. 협상이란 용어도 르네상스 시대의 영국 경험주의 법철학자 프란시스 베이컨의 짧은 에세이 '협상론'에 등장한다.

2. 사람은 이기적인가?

협상은 대화로 이루어진다. 대화를 체계적으로 분석한 최초의 학자인 그리스 고대 철학자 아리스토텔레스는 사람은 행복을 추구하는 본능이 있다고 했는데, 협상의 동기도 갈등이나 분쟁의 상대방과의 관계에서 자기의 행복을 추구하는 데에 있다. 하지만 사람의 행복 추구 본능은 이기적이지만 언제나 그렇지만은 않다. 사람은 나눔으로써 행복을 느낀다. 이것은 도덕적인 당위만은 아니다. 경제학과 심리학 등의 실증 연구에서 확인되었듯이, 상대방을 배려하고 나아가 상대방에게 베푸는 이타적인 행위들도 자기의 행복 추구 동기에서 나온다. 따라서 협상은 상대방과 다투면서도 서로 나누고 배려하는 게임이다. 하지만 이타적인 사람의 본성과 상대방에 대한 배려는 절대적 배려가 아니라 조건부 배려라는 점은 잊지 말아야 한다.

3. 사람은 합리적인가?

협상에서 나눔과 배려는 선택의 문제다. 환경과 상대방의 행동을 보고 선택을 한다. 선택은 무엇을, 언제, 얼마나, 어떻게 나누고 배려할 것인가에 관한 의사결정을 의미한다. 협상 상대방과 대화를 나누고 상대방의 행동을 보면서 자기의 요구와 입장도 정리한다. 의사결정은 상대방에 대한 지각과 상호작용 속에서 이루어진다. 하지만 모든 의사결정이 합리적이지만은 않다. 사람은 이성적이면서도 감성적이기도 하다. 때로는 오판을 하는 등 합리성은 제한적이다. 감성적이기에 즉흥적이고 비합리적인 판단도 한다. 게다가 협상을 지켜보는 주변의 사람들이나 집단의 시선과 평가를 의식한다. 체면을 지키려는 자존심이나 양보하면 유약하다고 비판받을 수 있다는 두려움으로 유리한 제안마저 거부할 수 있다. 이런 문제를 '관객효과'라고 한다.

　사람은 개인으로만 존재하는 것이 아니라 다른 사람과의 관계 속에서 산다. 가족부터 기업에 이르기까지 여러 가지 형태의 사회 속에서 자신의 존재를 확인한다. 제한적 합리성이 가지는 문제는 사회활동 중에 더 커져 그 자체로 갈등의 요인이 된다. 예를 들면, 다른 사람에 대한 선입견이나 편견은 자신에게는 의사결정의 오류로 또 다른 사람에게는 관계의 왜곡과 자원 배분의 불공정성으로 이어진다. 프란시스 베이컨은 선입견이나 편견의 원인을 4대 우상이라고 지적한 바 있다. 자연을 자신의 목적에 맞게 해석하는 인간 본성에서 유래하는 편견, 개인의 경험이나 교육에서 비롯되는 편견, 불완전하고 부적절한 말에서 비롯되는 편견, 과학적 근거가 없는 지식이나 학문을 추종하는 데서 비롯되는 편견은 합리적인 협상을 어렵게 만든다.

4. 갈등에서 분쟁으로의 임계점

　사람은 누구나 다른 사람과 원만한 관계를 유지하기를 원한다. 처음 보는 사람에게도 좋은 이미지를 남기려는 본능을 가지고 있다. 자신을 관대한 사람, 공정한 사람, 일관성이 있는 사람으로 비추어지기를 원한다. 이렇다면 갈등은 내면의 문제로 그치고 다른 사람과의 갈등이 발생할 소지가 작지만, 상대방과 이해관계나 생각이 달라 부딪치면 이야기가 전혀 달라진다. 갈등은 상대방과의 욕구나 불만의 충돌에서 비롯된다. 이런 경우라고 하더라도 그 충돌이 사소하다면 무시하거나 넘어가려고 한다. 하지만 '어떤 선(임계점)'을 넘으면 갈등은 분쟁으로 비화해 외면으로 표출된다. 임계점은 사람에 따라 다르지만, 상대방을 아예 불신하고 갈등을 일으

킨 문제가 중대하다면 분쟁으로 인한 비용과 스트레스가 많더라도 이를
감수한다.

5. 분쟁의 양상이 제각각인 이유

분쟁은 각양각색의 모습으로 드러난다. 분쟁 당사자들의 상호대응 방
식이 사람에 따라 다르기도 하지만, 분쟁의 이슈와 관련된 법·제도도 분
쟁에 따라 차이가 나기에 그렇다. 분쟁의 성격을 좌우하는 분쟁 이슈만 하
더라도 돈과 같은 경제적 문제뿐 아니라 가치관과 정체성 등 비경제적 문
제로 다양하다. 가치관의 충돌이나 정체성의 위험에 관련된다면 쌍방 모
두 강경한 행동을 선택할 가능성이 크다. 반면, 분쟁이 쌍방의 협력과 이
에 따른 과실의 분배 등 경제적인 문제에서 비롯된다면 분쟁의 강도는 상
대적으로 작다. 그러나 현실 세계에서 분쟁 이슈는 복합적이다. 겉으로 경

제적인 문제로 보이지만 이면에는 정신적인 문제가 깔려 있고, 가치관이나 정체성의 문제라고 하지만 경제적 이해관계가 분쟁의 중요 원인으로 깔려있다.

6. 다양하고 복잡한 노동분쟁

노동분쟁은 노동력의 제공과 보상에 관련된다. 하지만 노동력은 다른 생산 요소와는 달리 사람의 몸과 정신에 체화되어 있어 노동분쟁은 경제적 문제이면서 사람의 문제가 된다. 노동력은 생산성을 높이고 혁신을 이끄는 지식과 경험 등 무형의 인적자본으로 소득의 원천이 된다. 인적자본은 근로자 본인은 물론 기업이 투자한 결과물로 그 가치는 시장에서 결정되고, 다른 사람과 어울려 가치를 창출하기에 사용자는 물론 동료와도 경쟁과 협력의 양면적 관계에 놓인다. 생산에서는 협력 관계이지만 생산으로 창출한 파이의 분배에는 경쟁 관계가 작용한다. 이것은 사용자는 물론 노동자들 간에도 마찬가지다. 게다가 사람은 감정을 가진 존재이기에 편견 등으로 협력 관계가 훼손되고 파이가 줄면, 손해를 자초하는 결과가 나올 수 있다.

노동력의 특징상 노동분쟁은 다양하고 복잡할 수밖에 없는데, 기술과 인구구조 등의 변화로 더욱 그렇게 되고 있다. 디지털 경제가 되면서 플랫폼 등 새로운 거래 관계가 많아지고 여성과 고령층의 노동시장 참여도 늘고 있다. 근로계약이나 임금·단체협약의 체결, 부당징계나 부당노동행위 등 전형적인 노동분쟁은 차별, 괴롭힘, 성희롱 등이 결부되는 복합적인 노동분쟁으로 확대되고 있다. 이뿐 아니라 노동의 자율성이 확대되면서 근로자와 사용자의 경계는 흐려지고 프리랜스 노동 등이 늘고 있다. 이에 따라 노동분쟁이 노사의 분쟁에서 노동자들 간의 분쟁과 사용자 간의 분쟁으로 확대되고 있다. 분쟁의 이슈와 당사자의 변화에 따라 제조업 시대의 공장 노동을 염두에 둔 전통적인 노동법과 분쟁 해결 제도도 수정이 진행되고 있다.

7. 분쟁 당사자의 상호대응 방식

사람들은 분쟁이 발생하면 상대방이 어떻게 하는가에 따라 자기의 행동을 선택한다. 따라서 분쟁 해결의 결과는 당사자들이 벌이는 상호대응의 산물이 된다. 상호대응은 마치 게임을 하는 듯이 이루어지는데 3가지로 나누어진다. 첫째, 상대방이 온건하면 자신도 온건하게 나간다. 둘째, 상대방이 강경하면 자신은 온건하게, 거꾸로 상대방이 온건하면 자신은 강경하게 나간다. 셋째, 상대방이 강경하면 자신도 강경하게 나간다. 이러한 상호대응은 이성적 판단을 따르지만, 때로는 감정이 작용할 수 있다. 하지만 감정적인 대응은 분쟁만 악화하고 자신에게 불리하게 작용할 수 있어 지속할 가능성은 적다. 정상적인 상황이라면 분쟁 당사자들은 이성적인 판단으로 자기에게 이익이 되는 행동을 선택한다고 봐야 한다.

8. 분쟁을 해결해도 유감이 남는 이유

분쟁 당사자들이 합리적인 행동을 선택한다고 해서 그 결과가 반드시 최선인 것은 아니다. 양쪽 모두 강경한 행동을 선택할 수밖에 없는 상황이지만 지나고 나서 사후적으로 보면 모두 피해자가 되는 결과에 도달할 수 있다. 그뿐 아니라 도달할 수 있는 분쟁 해결의 결과가 하나가 아니라 여러 개가 될 수도 있어 안정적인 관계를 유지하기 어려울 수 있다. 또 쌍방이 모두 온건한 행동을 선택해 분쟁의 악화를 피하더라도 최선의 해결책에 대한 공감이 부족하다면 차선책에 도달해 사후적으로 아쉬움이 남는다. 따라서 분쟁이 해결되었다고 해서 관계가 안정적이고 지속한다고 생각해서는 안 된다. 어느 한쪽이 강경하고 다른 한쪽이 온건하면 분쟁은 일시적으로 해결될 뿐 환경이 자기에게 유리하게 바뀌면 재발을 할 가능성이 크다.

9. 분쟁 해결의 3가지 논리

사람들은 누구나 원인이 달라도 비용은 최소화하면서 자기에게 유리한 결과가 나오도록 분쟁을 해결하고자 한다. 따라서 분쟁을 해결하는 데 나름대로 논리와 방법을 갖고 있다. 문제는 각자 선호하는 분쟁 해결의 방법과 논리가 서로 다를 수 있다는 점이다. 분쟁 해결의 논리는 힘의 논리, 권리의 논리, 이익의 논리, 즉 세 가지 논리로 나눌 수 있다. 힘은 군사력이나 경제력, 집단의 숫자나 신체적 우위 등을 의미하며, 힘의 논리는 힘으로 상대방을 굴복시켜 분쟁을 해결하는 것이다. 권리는 법이나 관행 등으로 부여되거나 보호받는 혜택을 의미하며, 권리의 논리는 이에 따른 시시비비의 문제를 따짐으로써 분쟁을 해결하는 것이다. 이익은 욕구나 불만 등의 해소를 의미하며, 이익의 논리는 이를 위한 방안을 찾음으로써 분쟁을 해결하는 것이다.

힘의 논리보다 권리의 논리가, 권리의 논리보다 이익의 논리가 바람직하다. 하지만 가는 말이 고와야 오는 말이 고운 것처럼, 분쟁 해결의 논리는 상대적이다. 한쪽이 힘의 논리로 나오면 다른 쪽도 그렇게 나오기 쉽다. 이런 경우 분쟁 해결의 결과는 양쪽 모두 결국 손해를 보기 쉽다. 이러한 모순을 피하려면 분쟁 당사자들의 자각이 중요하다. 힘의 논리는 분쟁을 악화시키기 쉽다는 점이다. 힘의 행사는 생존의 문제나 정체성의 문제

를 건드려 분쟁을 악화한다. 권리의 논리는 분쟁 해결이 지연되는 문제를 안고 있다는 점이다. 시시비비를 가린다고 대립하면서 해결의 시간은 지연되고 상호 불신은 깊어진다. 하지만 이익의 논리는 당사자들이 효과적으로 의사소통을 한다면 분쟁 해결의 시간은 짧고, 해법은 창의적이며, 신뢰 관계도 회복할 수 있다.

이익의 논리로 분쟁을 해결하는 데 의사소통의 두 가지 조건이 있다. 첫째, 상대방의 요구나 주장을 잘 새겨듣고 둘째, 자기의 입장을 상대방이 잘 이해하도록 전달해야 한다는 것이다. 이익은 당사자들이 겉으로 내세운 요구나 주장을 충족시키기는 문제보다 그 이면에 깔린 욕구나 불만을 해소하는 문제와 관련되기 때문이다. 따라서 이익의 논리에 따라 분쟁을 해결하려면 어떤 요구나 주장을 하는 이유나 배경을 서로 잘 이해하도록 쌍방이 모두 노력을 해야 한다. 즉 왜 상대방이 그런 요구를 하는지 또 그런 주장을 하는 배경이 무엇인지를 알면 분쟁의 원인과 해결 방안도 자연히 나온다. 이뿐 아니라 상대방의 요구나 주장은 충족시키지 못한다고 해도 쌍방 모두에 도움이 되는 창의적인 분쟁 해결 대안도 다양하게 만들 수 있다.

10. 노동법의 분쟁 해결 논리

노동분쟁의 해결에도 힘과 권리 그리고 이익의 논리가 작용한다. 노동법은 3가지 논리의 특징을 모두 담고 있다. 노동조합법은 노동조합이 일정한 조건을 충족하년 파업을 할 수 있도록 허용함으로써 단체교섭을 촉진하되, 단체교섭이 결렬될 위험에 처하면 노동위원회의 조정을 거치도록 한다. 힘의 논리를 인정하나 권리의 논리를 중시하고 이익의 논리로 해법을 찾도록 하는 것이다. 노동조합이 단체교섭을 하는 데 필요한 지위나 권한 등에 대한 다툼, 즉 부당노동행위, 교섭 단위 분리 및 통합, 공정대표 등에 대한 분쟁을 노동위원회의 판정으로 해결하도록 하면서도 화해를 활용하도록 한다. 해고·징계, 직장 내 차별·괴롭힘 등 개별 분쟁도 마찬가지다. 권리의 논리로 시시비비를 따질 수 있으나 이익의 논리에 의한 분쟁 해결을 중시한다.

노동분쟁의 원인은 대부분 경제적 이해관계에 있다. 특히 개별 노동분쟁은 힘의 논리를 권리의 논리로, 권리의 논리를 이익의 논리로 전환하는 데 금전 보상이 큰 역할을 한다. 해고 분쟁의 경우 고용 관계의 단절이란 해법도 금전 보상으로 분쟁을 해결하고자 하면, 해고에 따른 보상 금액 결정을 위한 협상으로 전환된다. 개별 노사의 임금 및 근로조건 결정은 물론 고용 관계의 안정 및 유지도 이익의 논리에 기반한다. 이러한 이유로 영국·독일 등 주요 국가는 개별 노동분쟁 해결에 대해 판정 전에 화해를 거치는 '화해 전치주의'를 법으로 도입한다. 판정이나 판결 이전에 먼저 당사자들의 화해 노력을 의무화한 것이다. 미국은 의무화의 강도는 상대적으로 낮지만, 개별과 집단 노동분쟁 사건의 80% 정도가 화해나 조정을 통해서 해결된다.

어느 한쪽이 힘으로 분쟁을 해결하려고 하면 다른 한쪽도 힘으로 맞서게 된다. 힘의 논리가 '눈에는 눈 이에는 이'라는 식으로 나아가면 분쟁은 더 격화된다. 이러한 악순환은 사람의 문제가 결부된 노동분쟁의 경우 뚜렷하다. 노사 쌍방의 힘이 균형상태라면 대등한 협상은 가능하지만, 그렇다고 최선의 합의 결과에 도달하는 것은 아니다. 더 큰 문제는 힘이 불균형상태인 경우다. 힘이 센 쪽은 힘을 오·남용하고, 힘으로 분쟁을 해결하는 것이 관행화되고, 공정성은 상실되기 쉽다. 이러한 이유로 사업장 분위기에 따라 파업의 발생 성향은 극과 극을 보인다. 권리의 논리도 비슷하다. 노사가 고소·고발을 쉽게 생각하는 분위기라면 소송이 그만큼 많아진다. 이런 이유로 소송이 많은 사업장과 그렇지 않은 사업장으로 나누어지게 된다.

11. 분쟁 해결의 4가지 유형

분쟁을 해결하는 방식은 다양하지만 크게 보면 4가지 유형으로 나눌 수 있다. 유형에 따라 분쟁 해결의 논리도 차이가 난다. 첫째, 상대방의 요구를 수용하거나 둘째, 상대방과 관계를 단절하거나 셋째, 상대방과 경쟁을 벌이거나 넷째, 상대방과 협력함으로써 해결하는 것이다. 사람들은 누구나 분쟁 해결에 드는 비용을 최소화하면서 자기에게 유리한 결과를 낳는 방식을 선택한다. 협상은 당사자들이 직접 분쟁을 해결하고 비용이 적게 들기 때문에 어떤 유형에서도 활용된다. 하지만 다른 방법보다 유리하고, 협상을 통해 얻는 이익이 존재한다고 당사자들이 인식해야 협상은 선택된다. 협상의 연장선에 있는 화해나 조정 등 제3자의 지원 방식은 경쟁이나 협력을 통한 분쟁 해결에 주로 선택되지만, 수용이나 단절의 경우에도 활용된다.

분쟁의 해결 방식이 4가지 유형 중의 하나에 속하지만, 해결 과정에서 바뀌기도 한다. 상대방의 요구를 수용해 해결의 기미를 잡았던 분쟁이 협력으로 또는 상대방과의 관계 단절로 분쟁이 해결될 것 같다가 경쟁으로 바뀔 수 있다. 노동분쟁은 더욱 그렇다. 예를 들어, 사용자 측이 내세운 채용 조건을 수락해야 고용 관계가 맺어질 수 있는 상황에 근로자가 채용 후 평가를 제의해, 협력을 통한 해결책을 찾을 수 있다. 또 고용 관계가 단절되는 경영상 해고를 근로시간과 임금 삭감으로 피하고자 한다면 경쟁을 통한 해결책으로 바꿀 수 있다. 고용이 경쟁과 협력의 관계라면 더욱 그렇다. 임금 인상이나 고용안정에 관한 분쟁은 노사의 이익이 상반되는 면이 있지만, 기업의 경쟁력이나 생산성 문제에서 접근하면 경쟁은 협력의 관계로 바뀐다.

때로는 아름다운 이별이 더 행복하다고 한다. 희망퇴직이나 해고 등 고용 분쟁도 그렇다. 노사의 불신이 깊다면 억지로 고용 관계를 유지하는 것이 쌍방 모두에게 고역이 될 수 있기에 관계를 정리하는 협상이 더 필요할 수 있다. 이런 경우 금전 보상으로 분쟁을 해결한다면 금액을 협상하는데 집중하는 것이 차라리 나을 수 있다. 고용 분쟁은 이겼다고 이긴 것이 아니고 지면서도 이기기도 하기 때문이다. 반대로, 고용 관계를 유지할 수 있다면 사용자의 제안이 자신의 기대에 미치지 못해도 수용하는 게 차라리 이익이 된다. 당장 손해를 보는 것 같지만 관계를 유지해 후속적인 이익을 기대할 수 있다. 노사가 신뢰한다면 사용자는 근로자의 양보로 수익성과 생산성을 높이고 차후 이에 상응하는 보상을 하기 때문이다.

II. 협상은 어떻게 하는가?

1. 협상에 나설 때와 아닐 때

협상으로 쌍방이 모두 이익을 거둔다고 믿을 때 협상은 성립한다. 하지만 협상에도 비용이 들기 때문에 너무 많으면 성립되지 않는다. 이익이 비용을 상쇄할 수 있어야 하기에 협상에 나서기 이전에 그 이익은 물론 비용을 계산할 필요가 있다. 협상에는 시간이 들어가고, 쌍방의 주장이 달라 스트레스 등 정신적 비용도 감당해야 한다. 상대방을 만나고 대화를 나누며 협상의 진행 방식부터 합의 조건과 내용 등을 논의하고 이견을 좁히는 데 시간이 필요하다. 게다가 때로는 변호사 등 외부 전문가의 컨설팅 비용 등도 부담해야 한다. 전문성이 요구되는 문제를 협상한다면 더욱 그렇다. 상대방이 협상하기 어려운 사람이라면 협상 대리인의 채용 비용도 든다. 더 큰 문제는 협상한다고 그 시간에 다른 일을 하지 못하면 기회비용이 수반된다는 점이다.

2. 협상의 이익과 협상 가능 영역

협상으로 합의에 도달하기 이전과 이후의 변화를 협상의 이익이라고 한다. 하지만 협상의 이익이 얼마나 될지 사전에 알 수 없다. 협상은 그 자체로 불확실하기에 그렇다. 그 대신 협상의 기대 이익을 계산해보고 협상 여부를 결정할 수 있다. 기대 이익은 확률과 직결되는 문제다. 즉 협상의 기대 이익은 여러 가지 경우의 수에 따른 결과와 각각의 결과가 발생한 확률을 곱함으로써 계산할 수 있다. 결과나 확률은 확정된 것이 아니고 협상의 경험과 협상 여건에 대한 정보 분석 등을 통해 예상할 수 있는 수치다. 만일 협상을 낙관적으로 본다면 실제보다 결과나 확률을 자신에게 유리하게 잡아 협상의 기대 이익을 부풀려 평가할 수 있다. 반대로 협상을 비관적으로 본다면 기대 이익을 낮추어 평가할 수 있다.

합의는 자기와 상대방이 수용할 수 있는 최대치나 최저치의 가운데 영역 내 어디서 이루어진다. 이러한 두 점의 안에 있는 영역을 협상 가능 영역이라고 한다. 협상 당사자들은 최대치나 최저치를 보텀 라인(bottom line)이라고 부르는데, 이것은 당사자 자신만이 하는 '극비' 정보에 속한다. 하지만 협상이 진행되면서 여건이 달라지면 최대치나 최저치는 바뀔 수 있다. 따라서 상대방의 제안이 자기의 보텀 라인 밖에 있다고 섣부르게 판단하거나, 협상 가능 영역이 존재하지 않는다고 단정할 필요는 없다. '절대로 No라고 말하지 않는다'가 협상의 격언 중에 하나로 꼽히는 이유다. 협상의 이익과 협상 가능 영역이 모두 존재해야 합의에 도달하지만, 협상을 어떻게 하는가에 따라 그 크기가 달라질 수 있다는 점에 유념해야 한다.

사람들은 누구나 주변의 상황을 자기중심적으로 본다. 협상의 기대 이익과 협상 가능 영역은 협상의 성공을 평가하는 데 중요한 지표이지만 주관적이기에 오류를 범할 우려가 있다. 이러한 문제를 피하기 위해서는 협상을 시작하기 이전의 준비가 매우 중요하다. 과거의 경험과 현재 진행되는 분쟁 상황에 대한 정보를 수집하고, 객관적으로 분석해, 분쟁을 정확하게 진단하는 노력이 필요하다. 사전 준비의 중요성은 협상 경험이 풍부한 전문가들의 공통적인 지적이기도 하다. 또 협상을 시작한 이후에는 기존의 정보를 점검하고 보완해야 한다. 그 결과 필요하다면 당초에 잡았던 협상 가능 영역과 협상의 기대 이익을 수정하고, 협상의 목표와 전략은 물론 최초의 요구수준을 현실화해야 협상을 성공으로 이끌 수 있다.

구체적으로 예를 들면, 연봉 협상에서 근로자는 현재 받는 4천만 원을 최저치로 잡고 있는 반면, 사용자는 5천만 원을 최대치로 잡고 있다고 하자. 근로자는 협상에서 사용자에게 4천6백만 원을 요구하고 사용자는 4천3백만 원을 제시한다. 이때 협상 가능 영역은 4천만 원부터 5천만 원까지로 존재하지만, 요구 금액과 제시 금액을 비교하면 협상이 성립하기 어렵다고 판단할 수 있다. 하지만 근로자는 경험과 정보 등에 비추어 사용자가 4천만 원과 5천만 원에 합의할 확률을 각각 50%로 잡고 4천5백만 원에 합의될 수 있을 것이라 기대한다고 하자. 이를 토대로 협상을 벌여, 근로자는 1백만 원을 낮추고 사용자는 2백만 원을 높여 4천5백만 원에 합의하면 각자의 협상의 이익은 5백만 원이 발생한다. 만일 4천만 원에 합의할 확률이 없고(0%) 5천만 원만 기대한다면 협상의 가능성도 존재하지 않는다.

3. 협상에서 승자와 패자는 없다

논평하기 좋아하는 사람은 협상의 승자와 패자로 나눈다. 하지만 성공한 협상과 실패한 협상은 있어도 협상에서 승자와 패자는 없다. 협상에서 어느 한쪽이 더 가지고 다른 한쪽이 덜 가진다고 승자와 패자라고 말하기는 어렵다. 몫(파이)의 배분이 50:50은 아니라도 양측 모두가 이익을 거둠으로써 합의에 도달하기 때문이다. 협상이 없었다면 덜 가진 쪽도 아예 하나도 챙기지 못하기 때문에 역시 승자라고 할 수 있다. 더 문제는 양측이 나눌 수 있는 몫을 키우지 못하고 줄이는 협상이라고 할 수 있다. 협상에서 나눌 수 있는 몫은 고정된 것이 아닐 수 있기 때문이다. 협상이 지연되면서 몫이 작아진다면 둘 다 손해를 보는 결과이기에 실패한 협상이 된다. 반면, 협상으로 몫을 키우는 합의를 이끌면 둘 다 이익을 보는 성공한 협상이 된다.

협상은 자신이 원하는 바를 달성하는 일이다. 하지만 이것은 상대방에게도 마찬가지다. 따라서 협상의 목표를 자신의 이익을 100% 달성하는 데 둔다면 비현실적일 수밖에 없다. 당사자들이 함께 창출한 몫을 배분하는 협상이라면 더욱 그렇다. 자신의 몫만 챙긴다면 상대방으로서는 건질 수 없기에 협상을 할 이유도 없다. 협상으로 자신이 원하는 바를 달성하려면 상대방과 나누거나 단계적으로 추구해야 한다. 고용 관계처럼 상대방과의 협력을 통해서 성과를 만들고, 노사관계처럼 일시적이 아니라 지속한다면, 자신의 이익을 기여분에 비례해 공정하게 챙기고 점진적으로 키우는 것이 맞다. 자기중심적으로 생각하고 한 번의 협상에서 모든 것을 달성하려고 한다면 관계 자체가 유지되기 어렵다. 신뢰가 깨지고 상호 협력이 불가능해진다.

예로 들어, 기업의 시장 가치가 1조 원이 되는 A 회사가 경영악화에 따른 정리해고로 파업이 발생했다고 하자. 파업이 길어지면 기업의 가치는 떨어진다. 이러한 가운데 노동조합은 파이의 70%를 근로자에게 주어야 한다고 요구한다. 하지만 파업을 지속하면 기업의 가치는 5,000억 원으로 줄게 된다. 이런 경우 파업이 없었다면 7,000억 원을 가져갈 수 있지만, 파업으로 70% 확보에 성공한다고 해도 3,500억 원밖에 받지 못하기 때문에 협상에 성공했다고 보기 어렵다. 다른 사례로, B 회사가 신기술 개발로 사전에 예상하지 못했던 이익이 1조 원 발생했다고 하자. 단체협약에 이익 배분에 대한 약속이 없는 상황이지만 노동조합이 이익의 10% 확보에 성공하였다면, 이런 경우 50%에 미치지 못해도 노동조합은 협상에 성공했다고 볼 수 있다.

4. 협상력이란?

협상의 과정과 결과는 사전에 불확실하나 어느 정도 예측할 수는 있다. 이를 가능하게 만드는 변수가 협상력이다. 협상으로 당사자들이 모두 이익을 본다고 해도 몫의 배분은 서로 다른데 그 차이는 협상력에 기인한다. 하지만 협상력의 의미는 어떤 성격의 협상이냐에 따라 다르다. 협상은 상대방의 양보를 얻어내고자 하거나 또는 합의를 가로막는 문제를 해결하는데 치중할 수 있다. 양보 추구 협상 전략에서 협상력은 상대방에게 양보를 요구하는 힘 또는 자신이 양보하지 않고 버티는 힘이라고 할 수 있다. 이런 경우 협상력은 어느 한쪽이 커지면 다른 한쪽은 약해지는 상대적 개념이다. 하지만 문제해결 협상 전략에서 협상력은 주장에 대한 논리와 근거를 가지고 상대방을 이해시키고 설득해 합의를 끌어내는 힘이라고 할 수 있다.

협상력을 결정하는 요인은 다양하고 복합적이다. 어떤 전략을 추구하느냐에 따라 각 요인의 중요성은 차이가 나지만, 여러 가지 요인들이 동시에 작용한다. 협상력의 결정 요인은 크게 보면 협상 당사자가 조절할 수 있는지 또 개인의 능력에 좌우되는지에 따라 외부요인과 내부요인으로 나눌 수 있다. 외부요인은 경제적 요인, 사회적 요인, 법·제도적 요인으로 나누어진다. 경제적 요인은 협상이 지연됨으로써 인해 당사자들이 감당해야 할 손실의 크기와 각자에게 돌아가는 손실의 차이, 사회적 요인은 협상 지연의 부담을 이겨낼 당사자들의 조직 규모 및 응집력과 이에 대한 주변 사람들의 여론, 그리고 법·제도적 요인은 협상의 이슈 및 당사자, 분쟁 해결 방식 및 절차, 합의 불발에 따른 불이익 등에 관한 법과 판례 그리고 관행 등이다.

협상력을 결정하는 내부요인은 정보, 조직과 네트워크, 자금뿐 아니라 의사결정, 문제해결, 공감능력 등으로 더 다양하고 복잡하다. 협상 당사자

의 정보가 많을수록, 네트워크가 넓을수록, 동원할 수 있는 자금이 많을수록, 시간을 조절할 수 있는 폭이 넓을수록 협상력이 올라간다. 또 의사결정을 정확하게 내리고, 예상하지 못한 문제가 발생했을 때 신속하게 대응하며, 공감을 끌어내는 능력이 높을수록 협상력이 올라간다. 협상 당사자가 조직을 대표한다면, 조직 내부에서의 위치나 권한이 적절해야 협상력이 올라간다. 하지만 문제해결 협상 전략을 따르면 협상력은 자기와 상대방이 모두 이익이 되는 '창의적인' 대안들을 만드는 대화 능력과 최선의 합의안(BATNA: Best Alternative to Negotiated Agreement)을 찾는 분석 능력이 중요하다.

5. 노사의 협상력은 어떻게 결정되나?

노사 협상은 기본적으로 노동력의 제공과 보상 문제가 핵심이다. 협상력도 이 문제와 직결이 된다. 노동력에 대한 수요는 기업의 생산을 통한 이윤 창출 동기에서 비롯된다. 경기가 좋아 생산물에 대한 수요가 증가하면 노동력에 대한 수요의 증가로 파생되어 임금이 올라간다. 반면, 경기가 나쁘면 노동력에 대한 수요는 줄지만, 임금은 비례해서 하락하지 않는다.

근로자의 사기 저하로 생산성이 떨어지기 때문이다. 근로자는 행복하기 위해 노동력의 제공과 여가 시간을 선택한다. 경기가 좋으면 임금이 올라갈 것이라 기대하면서 여가는 줄이고 노동력 공급은 늘린다. 하지만 노동력 수요의 변동만큼 그 폭이 늘지는 않는다. 또 노동력은 교육으로 길러지기 때문에 공급에는 시간이 걸리고 수요 변화와 일치하지 않으면 실업이 발생한다.

노사 협상은 일반 협상보다 복잡하다. 기업은 자본과 노동을 가진 사람들로 구성된 인적 결합체로 조직을 이루고, 각각의 활동에는 법·제도의 촘촘한 규제가 따른다. 구성원들은 협력해 이윤을 창출하고 기여도에 따라 분배한다. 근로자는 사업주와 개별적으로 협상하면 불리할 수 있어, 법에 따라 노동조합을 만들고 단체교섭으로 임금과 근로조건의 개선을 요구할 수 있다. 하지만 경제와 기술의 변화로 공장 등에서 집단으로 일하는 노동이 작아지고, 독자적으로 일하는 자율 노동이 늘며, 다른 사람과 대화나 문제해결 등에 필요한 두뇌 노동이 많아지고, 근로자와 사업주의 경계도 흐려진다. 이러한 변화에 따라 노사 협상의 무게 중심은 집단에서 개별로 이동하고, 근로자 개인이 가지고 있는 스킬의 내용과 깊이가 협상력에 중요한 요인이 된다.

노사의 협상력을 결정하는 요인은 주체가 개별 근로자이냐 노동조합이냐에 따라 다르지만 공통적인 부분이 많다. 외부요인은 노동의 수요와 공급, 가격(임금) 탄력성 등 경제적 요인, 노사에 대한 여론과 평판 등 사회적 요인, 노동분쟁의 규범과 당사자들의 지위 등 법·제도적 요인이다. 경기가 좋아 노동력에 대한 수요가 공급보다 많으면 근로자와 노동조합의 교섭력이 올라간다. 또 임금이 높아도 숙련 노동은 비숙련보다 기계로 대체하기 어려워 교섭력이 크다. 법으로 노동조합의 지위와 단체교섭을 강화하면 사용자의 교섭력이 낮아지는 반면, 노동조합과 파업에 대해 일반 사람이 비우호적이면 노동조합의 교섭력이 낮아진다. 경기가 나쁘면 파업에 대한 여론이 비우호적이라 경제적 요인과 사회적 요인이 모두 노동조합의 협상력을 떨어뜨린다.

어떤 분쟁이라도 분쟁에 관련된 법규범은 당사자들의 협상력에 직접 영향을 미친다. 노동법이 특히 그렇다. 노동법은 고용 관계의 약자와 노동조합의 활동을 보호하면서도 노사의 힘의 균형은 물론 공공의 이익과의 균형을 중시한다. 법규범에도 단계와 순서가 있다. 노동의 경우 헌법, 노동법, 법 시행령, 시행 규칙 순으로 앞선다. 위로 올라갈수록 추상적인 반면, 아래로 내려갈수록 구체적이기에 상위 법령과의 충돌이 발생해 이에 대한 법원이나 노동위원회의 해석이 중요하다. 관행은 법규범은 아니지만, 당사자들이 동의하고, 당사자 모두에 이익이 되며, 지속적이고, 또 반복적이라면 구속력을 가진다. 노동 관행이 노동법보다 기준이 낮으면 규범으로 인정받지 못한다. 관행에도 단계가 있어 단체협약은 근로계약보다 우위에 있다.

단체교섭에서 노사의 협상력을 결정하는 내부 요인은 노동조합과 기업의 조직력, 구성원들의 응집력, 그리고 요구나 주장의 타당성 등을 들 수 있다. 조합원들의 지도부에 대한 신뢰가 크고, 주장이 사용자가 존중할 정도로 합리적이라면 노동조합의 협상력은 크다. 하지만 노동조합의 무리한 요구는 처음에 조합원들의 호응을 받을 수 있지만 기대 수준만 높여 결국 조합원들의 불만과 노동조합에 대한 불신을 자초할 수 있다. 개별 노사 협상은 이슈가 채용부터 배치전환과 승진, 퇴직에 이르기까지 다양해 각각에 따라 협상력의 결정 요인이 차이가 나지만, 노동력의 수급 상황, 근로자의 스킬과 정보 및 네트워크 등은 공통적으로 중요하다. 특히 노동의 전문성이 커지고, 특화되며, 근로자들 사이의 이해관계가 복잡해지면서 더욱 그렇다.

디지털 시대가 되면서 직장 이동이 많아지고, 근로계약과 연봉 협상이 중요해지고 있다. 이런 경우를 예로 들어 고용 관계에서 협상력 결정 요인을 살펴보자. 근로자는 자기소개서로 서류 면접에서 합격하고, 대면 면접을 통과한 다음, 연봉 및 근로조건을 규정하는 근로계약을 체결하면, 일종의 3단계 협상을 한다고 볼 수 있다. 이 근로자의 협상력은 기업이 원하는 스킬을 많이 가지고 있을수록 커지지만, 그 스킬을 가진 사람이 주위에 많으면 떨어진다. 또 해당 기업 정보와 해당 기업에 자기를 추천해 줄 사람이 많을수록 협상력은 올라간다. 근로계약에 대한 지식도 협상력을 높인다. 근로자가 취업 상태에서 이동하면 협상력이 크나 실업 상태라면 낮다. 저축이 많거나 주변의 지원으로 당장 일하지 않아도 된다면 협상력이 크다.

6. 양보냐 협력이냐?

협상력은 양보 추구 전략과 협력을 강조하는 문제해결 전략에 따라 의미가 차이가 나지만, 양보나 협력은 협상 과정 측면에서 보면 구분이 쉽지 않다. 어떤 협상이든 합의가 목표이고 합의는 주장이나 요구의 차이를 줄여야 가능하다. 협상 당사자들은 기존의 주장이나 요구를 수정해야 하지만 수정에는 부담을 느낀다. 수정은 양보가 될 수도 있고 협력이 될 수도 있다. 어떤 것으로 인식하거나 규정하는가는 당사자들의 협상 전략과 심리적인 문제와 관련이 크다. 양보 추구 전략은 이해관계가 경쟁적일 때 반면, 문제해결 전략은 협력적일 때 추구하지만, 이해관계는 경쟁과 협력의 양 측면을 모두 가지고 있는 것이 일반적이다. 따라서 하나의 수정을 두고 경쟁이라면 양보로 보는 반면, 문제해결이라면 협력으로 인식하는 경향을 보인다.

양보와 협력에는 서로 다른 심리가 작동한다. 양보하면 심리적으로 손해를 보는 것 같고 반면, 협력하면 선심을 쓰는 것 같다고 느낄 수 있다. 하지만 양보를 상대방에 대한 배려로 인식하면 상호성의 원리에 따라 쌍방이 추가적인 양보로 화답할 수 있다. 협력을 선택하면 이러한 심리적 상호

작용은 더 긍정적으로 진행될 수 있다. 양보든 협력이든 어떻게 하느냐 하는 방법이 더 중요하다. 자신의 양보나 협력에 상대방도 호응하도록 취지를 잘 설명하고 이해를 구해야 한다. 예를 들어, 어느 한쪽은 파이의 배분을 6:4로 하자고 요구하고 다른 한쪽은 4:6으로 하자고 팽팽하게 맞서다가 5:5에서 합의했다고 하자. 어느 한쪽이 상호성의 원리를 기대하고 상대방에게 먼저 1을 양보하면서 공감을 얻어내면 다른 쪽은 협력한 것으로 해석할 수 있다.

7. 시간과 싸움, 20/80의 파레토 법칙

시간은 협상의 핵심 변수다. 협상은 제한된 시간 속에서 합의를 만들어내야 한다. 시간의 압박은 어느 한쪽이 다른 한쪽보다 클 수 있다. 협상의 시간이 길어지면 기회비용은 그만큼 커진다. 당연히 시간의 압박을 크게 받는 측은 협상력이 떨어지고 시간 관리를 잘하는 측은 협상력이 올라간다. 협상에서 범하기 쉬운 실수는 상대방과 공식적인 자리에서 만나야만 협상을 한다고 생각하는 것이다. 이런 사람은 협상을 준비하지 않다가 협상이 정식으로 시작된 이후에 전략을 짜거나 또는 상대방의 생각은 아랑곳하지 않고 먼저 제안하고는 나중에 가서 시간에 쫓겨 제안을 갑자기 수정해 협상력을 스스로 떨어뜨릴 수 있다. 이런 이유로 협상 경험이 많은 전문가들은 협상을 시간과의 싸움이자 자신과의 싸움이라고도 한다.

협상 경험이 많은 전문가들은 합의 사항의 80%가 협상 시간의 마지막 20%에서 해결이 된다고 한다. 또 협상 성공의 80%는 사전 준비에 좌우되고 상대방과 실제 협상이 좌우하는 비율은 20%에 지나지 않는다고 한다. 이러한 경험을 두고 협상에도 파레토(Pareto)의 법칙이 적용된다고 한다. 파레토 법칙은 이탈리아 경제학자 빌프레드 파레토가 부의 80%를 20%의

사람이 차지한다고 주장한데서 시작되었다가, 지금은 어떤 문제의 결과 중에서 80%가 원인의 20%에서 발생하는 것으로 발전되어 왔다. 파레토의 법칙은 협상뿐 아니라 일상생활에서도 관찰된다. 예를 들어, 주가 상승의 80%가 상승 기간의 20% 기간에 나타난다거나, 성과의 80%는 근무시간 중 집중력을 발휘한 20%의 시간에 이룬다는 것 등이다.

8. 협상에도 단계가 있다.

협상은 처음에 지지부진하다가 어느 단계를 지나면 빨라진다. 그러나 협상의 프로토콜(protocol)이 없거나 협상의 관행이 축적되어 있지 못하다면 협상은 그만큼 초반부터 지지부진하다. 사전에 협상 준비를 했다고 하더라도 협상이 시작되면 탐색하고, 다음에 합의의 방향을 잡고, 마지막으로 합의 대안 중에서 최선을 선택한다. 시작 단계는 협상의 이슈들이 제기된다. 본격 단계에서는 협상하기 전에 이슈들을 정리해 합의의 틀, 즉 프레임(frame)을 만든다. 협상 이슈는 핵심 이슈, 파생적인 이슈, 부수적인 이슈로 분류할 수 있다. 묶을 수 있는 이슈들은 묶어 정리하고, 큰 이슈는 협상하기 좋도록 작은 이슈로 쪼개기를 한다. 마지막 단계는 여러 가지 합의 대안 중에서 무엇을 선택할지 원칙 및 기준과 우선순위를 결정한다.

단체교섭은 노사관계 수준에 따라 전개 양상이 다르다. 노사의 신뢰 관계가 깊으면 상대적으로 빠르게 끝난다. 신생 노동조합은 교섭의 프로토콜부터 만들여야 하기 때문에 시간이 걸린다. 일반적으로 단체교섭 시작 전에 교섭 방향이 형성된다. 내부 의견을 모으고 주변 동향 등을 조사하면서 그렇게 된다. 노동조합이 요구안을 제시하고 사용자가 제안함으로써 단체교섭은 본격화된다. 쟁점이 드러나고, 논의의 프레임이 형성되면서 노사 모두 제안을 재편·수정하게 된다. 인건비에 관한 사항들은 임금 중심으로, 근무 여건에 대한 사항들은 고용안정으로, 노동조합 활동에 대한 사항들은 노사관계 안정으로 묶는다. 단체교섭의 마지막 단계는 핵심 이슈에 집중한다. 임금이 최우선이라면 다른 이슈들은 추후 협의하고, 인상 수준의 결정에 총력을 쏟는다.

9. 대화와 정보 교환

협상은 대화로 이루어지고 대화에는 단계가 있다. 정보 교환이 대화의 주된 목적이라면 더욱 그렇다. 대화 주제는 일반적 문제에서 구체적 문제로 옮겨간다. 협상이 제대로 진행된다면 대화의 깊이도 올라간다. 상대방의 말을 그저 듣는 소극적 수준에서 경청하는 수준으로, 나아가 경청을 넘어 본인의 말로 설명할 수 있을 정도의 새겨듣는 수준으로 높아진다. 상대방을 향한 질문도 구체적인 문제로 옮겨간다. 불확실한 정보를 보충하고 상대방의 입장과 배경을 명확히 알기 위해서다. 하지만 협상에서 대화가 쉬운 일은 아니다. 사람에 따라 사용하는 언어나 말하는 습관이 다르다. 특히 대화에서 사용하는 용어가 전문적이면 의미가 제대로 전달되지 않는다. 게다가 어투와 말하는 스타일 등이 상대방의 감정을 해치면 대화가 이루어지기 어렵다.

협상에서의 대화는 정보 교환을 위한 것만이 아니다. 상대방의 공감을 끌어내고, 자기의 주장이나 제안을 상대방에게 설득하는 중요한 수단이 된다. 일찍이 아리스토텔레스는 대화의 적극적인 기능으로 설득의 언어기법에 눈을 돌리고 「수사학」이라는 저서를 남겼다. 그는 설득의 성공 요소로 에토스(ethos), 파토스(pathos), 로고스(logos)를 들었다. 에토스는 특정 집단과 사회의 기풍을 말하며 신뢰를 획득하는데, 파토스는 개인의 정감, 충동, 열정 등을 말하며 상대방의 욕구와 정서를 이해하는데, 로고스는 누구나 받아들일 수 있는 이성을 말하며 논리와 논증에 필요하다. 전문가들은 3가지 중에서 대화로서의 설득에 에토스가 가장 중요하고(60%), 다음으로 파토스(30%)이며, 로고스(10%)의 비중은 가장 작다고 보았다.

10. 첫 번째 제안

첫 단추를 잘못 끼우면 마지막 단추를 낄 수 없다. 협상도 첫 번째 제안이 잘못되면 이후 꼬이고 난항을 한다. 하지만 협상의 초보자들은 그 중요성을 간과하기 쉽다. 첫 번째 제안에 대한 역제안과 수정 제안이 연이어 이루어진다. 어떤 제안을 할 때 배경과 논리도 설명하고, 이를 토대로 대화가 진행되면서 논의의 틀, 즉 프레임도 형성된다. 따라서 첫 번째 제안이 무리하거나 비현실적이면 협상이 난항을 할 수밖에 없는 논의의 틀이 만들어진다. 쌍방이 처음으로 협상을 하는 관계라면 더욱 그렇다. 상대방은 협상 의지를 의심하고, 제안을 무시하거나 협상을 포기하는 것이 차라리 낫다고 판단할 수 있다. 이런 문제를 피하려면 첫 번째 제안의 수정은 빠를수록 좋다. 시간을 놓치면 엉뚱한 문제로 협상이 난항하고 결과는 원하는 바와 멀어진다.

11. 위협이냐 엄포냐

협상의 제안은 요구나 주장이 담겨 있고 위협과 약속으로 뒷받침는 경우가 많다. 협상에서 위협은 자신의 요구를 상대방이 수용하지 않으면 상대방에게 손해를 끼치겠다는 것이다. 약속은 반대로 상대방이 자신의 요구를 수용해 주면 상대방에게 어떤 이익을 돌려주겠다는 것이다. 상대방이 위협이나 약속이 담긴 제안을 해오면 수용할지 의사결정을 내려야 한다. 이런 경우 위협과 약속을 믿을 수 있는지, 그 영향이 얼마나 되는지 판단한다. 손해를 끼치거나 이익을 돌려줄 만한 능력이 있고, 그 규모나 파장이 상당하다면 진지하게 검토할 수밖에 없다. 하지만 떠보기 위한 제안, 즉 엄포(블러핑)일 수도 있기에 조심해야 한다. 상대방이 그럴만한 능력이 없거나 위협이나 약속의 내용도 부풀려져 있다면 엄포나 허풍에 지나지 않을 수 있다.

상대방이 진지하게 검토할 정도의 위협이나 약속은 협상을 전진시킨다. 자신의 요구나 주장을 상대방이 서부하다가 태도를 바꾸어 수용하기 때문이다. 위협이나 약속이 이런 역할을 하려면 외부와 내부의 여건이 뒷받침되고, 그 이행에 필요한 자원을 확보해야 한다. 자원은 어떤 성격의 협상인가에 따라 또 협상이 어떤 단계인가에 따라 다르지만, 상대방이 부족해 필요성을 크게 느낄수록 더 효과적이다. 상대방은 가지지 못하고 자신은 제공할 수 있는 자원이 있다면 그 자원의 축소나 단절의 위협 또는 자원의 공급이나 확대의 약속에는 힘이 실리고 협상력을 높이게 된다. 협상의 교착 상태를 타개하기 위해 제안을 한다면, 그 제안은 새로워야 하고 제안에 담기는 위협이나 약속은 상대방의 예상을 뛰어넘는 것이 좋다.

12. 양보도 잘하는 법이 있다.

협상에서 양보는 목적이 있다. 상대방의 양보를 얻어내거나, 추가적인 양보 요구를 사전에 차단하거나, 마지막 단계에서 합의의 쐐기를 박기 위함일 수 있다. 하지만 섣부른 양보 요구는 상대방을 방어적으로 만들어 양보하지 않을 이유부터 찾게 할 수 있다. 양보 추구 전략은 전술적 행동을 수반해 다양한 형태로 나타난다. 상대방의 양보를 기대하고 먼저 조금씩 양보를 하거나, 상대방이 먼저 양보하면 이에 상응하는 양보를 하거나, 처음부터 양보하지 않거나, 마지막 제안이라고 하면서 양보는 더 없다거나 등의 전략과 행동을 볼 수 있다. 문제해결 전략도 협력의 형태로 상대방의 양보를 추구한다. 하지만 이때의 양보는 상대방에 대한 배려로 공감을 얻는데 주안점을 둔다. 상대방의 사정이나 편의를 봐주는 등의 행동을 들 수 있다.

협상 전략은 전술적 행동으로 뒷받침된다. 전술은 전략을 뒷받침하기 위해 상황에 따라 동원되는 단기적 행동이라고 할 수 있다. 양보 추구 전략의 전술적 행동은 다양하다. 상대방의 판단을 흐리게 만들어 순간적으로 양보하게 만드는 계교 등 협상 윤리에 반하는 행동일 수 있다. 또 예상에서 벗어나 요구수준을 의도적으로 낮추는 '로 볼(low ball)'이나, 부드러운 태도를 보이는 '굿 가이(good guy)'는 상대방의 양보를 얻어내고자 할 때, 반대로 '하이 볼(high ball)'이나 '배드 가이(bad guy)'는 상대방의 양보 기대를 꺾기 위한 행동일 수 있다. 문제해결 전략의 전술적 행동도 다양하다. 상대방의 관심을 끌어내도록 비유를 활용해 미화하거나, 사례나 도표로 특정 문제에 눈을 돌리게 하거나, 자신의 주장을 상대방이 직접 느끼고 보도록 편의를 제공한다.

13. 앞으로 예상하고 뒤로 추리한다.

협상은 제안을 주고받으며 진행된다. 따라서 어떤 제안을 하고, 그 수준은 얼마로 하며, 상대방의 제안에 어떻게 대응하는가 등의 의사결정을 연속적으로 한다. 협상의 성공은 정확하고도 신속한 의사결정에 좌우된다. 협상은 제안과 역제안의 공방 속에서 진행되고, 시간이 흐르면서 의사결정 하는데 주어진 시간은 짧아진다. 더 중요한 문제는 의사결정의 한 수가 협상의 판세를 바꿀 수 있다는 점이다. 따라서 정확하고도 신속한 의사결정 능력은 협상을 주도하는 힘이 된다. 전문가들은 그 핵심으로 어떤 일이 벌어질

지 예상하고 지금까지 어떻게 진행되었는지 추리하는 능력을 지적한다. 눈앞의 상황에 급급하거나 상대방의 의도적인 전술적 행동에 말려드는 등 협상 상황의 오판과 의사결정의 오류들은 이러한 능력의 부족에 기인한다.

앞으로의 상황을 예상하고 지난 상황을 뒤로 추리하는 능력은 협상의 주도권을 잡게 만든다. 이러한 능력을 키우려면 협상 이전 단계에서는 철저한 준비가, 협상의 진행 단계에서는 제안의 주고받기를 복기하는 것이 중요하다. 분쟁의 원인 및 진단과 협상 환경 등에 분석은 물론, 상대방에게 어떤 제안을 할 때 어떠한 가정과 전제로 하였는지 등을 기록으로 남기는 것이 좋다. 사람의 기억력은 오래가지 않는다. 또 제안에 대해 상대방이 어떠한 반응을 보였는지 확인하는 것이 좋다. 자칫하면 혼자 양보를 지나치게 많이 하거나 엉뚱한 양보를 할 수 있다. 새로운 제안을 한다면 이전과 현재 상황이 어떻게 달라졌는지 분명히 해둘 필요가 있다. 그렇지 않으면 협상의 방향성이 흔들리고 좋은 제안이라도 연속성과 일관성을 잃기 쉽다.

14. 입장을 이익으로 바꾼다.

제안은 어떠한 입장의 표방으로 나타난다. 입장은 무엇이 맞거나 틀린다는 주장이나 무엇을 달라는 요구를 말하는데, 그 이면에는 욕구와 불만 등이 깔려있다. 협상에서 쌍방이 입장을 따지기만 하면 말싸움이 되기 쉽다. 입장은 바뀌지 않고 상대방을 오히려 경직적으로 만들 수 있다. 사람은 심리적으로 자신이 일관성이 있는 사람으로 보이길 원해, 입장을 한 번 밝히면 바꾸기 꺼린다. 반면, 욕구나 불만의 해소는 당사자들이 원하는 바, 즉 이익이다. 입장은 'Yes'나 'No'처럼 선택지가 별로 없으나 이익은 '크다'나 '작다'처럼 상대적이다. 따라서 입장을 충족시키기 쉽지 않지만, 그 배경이 되는 욕구나 불만, 즉 이익을 해결하는 방법은 다양하다. 협상이 입장 대신 이익의 문제에 집중하면 부드럽게 진행되고 해법도 그만큼 많아진다.

노사 임금 협상을 예로 들어보자. 노동조합이 임금 5% 인상을 요구하자 사용자는 동결하자고 주장한다. 이러한 제안과 역제안의 배경으로 노동조합은 물가가 올랐다는 이유를 반면, 사용자는 기업의 수익성이 악화했다는 이유를 댄다. 여기에서 임금의 인상이나 동결은 입장이고, 물가 상승이나 수익성 악화를 해소하는 방안은 이익에 해당한다. 노사 당사자들이 물가 상승과 수익성 악화를 해소하도록 복지와 생산성 향상을 연계하

면서 임금 인상의 수준을 논의하면 합의가 쉬워진다. 이렇게 하면 노사는 합의의 논리와 명분은 물론 합의 대안도 다양하게 만들 수 있다. 또 각자 자신의 제안을 수정함으로써 입장을 자연스럽게 바꾸어 서로 체면을 살리고, 노사관계의 신뢰를 높임으로써 향후의 협상도 원만하게 만들 수 있다.

15. 화해·조정 등의 활용

협상이 원만하지 않을 때 화해나 조정 등 제3자의 지원은 합의를 촉진한다. 당사자들이 감정적으로 대립하거나, 협상 이슈가 법이나 기술적으로 복잡한 경우 등이 특히 그렇다. 이런 경우 화해·조정·중재는 대화를 촉진하거나, 합의를 조언하거나, 합의안을 제시하는 역할을 한다. 제3자의 지원이 성공하려면 제3자는 우선 당사자들의 신뢰를 확보해야 한다. 따라서 제3자는 당사자들로부터 이해관계가 얽히지 않는 중립적인 위치에 있어야 한다. 신뢰를 느끼지 못하면 협상 당사자들은 자기의 입장과 요구의 이면에 깔린 욕구나 불만 등 속마음을 말하지 않는다. 또 신뢰는 당사자들이 도움을 실제로 받아야 생기기 때문에 제3자는 해당 분야의 전문적인 지식과 정보 그리고 당사자들의 심리를 이해하는데 필요한 경험을 갖추고 있어야 한다.

화해·조정·중재 등을 하는 제3자는 당사자들의 주장과 요구를 액면 그대로 들어서는 안 된다. 당사자들은 자기의 주장이 사실이고 자기의 요구가 정당하고 합리적이라고 말한다. 또 제3자가 자기의 주장과 요구에 손을 들어주길 기대한다. 따라서 제3자는 조사와 대화를 통해서 사실관계를 확인해야 한다. 쌍방이 엇갈린 주장과 요구를 하면 자신의 주장과 요구를 입증하고 서로 반박하는 기회를 주어야 한다. 이러한 이유로 화해·조정·중재 등을 하는 사람은 평정심과 인내심을 가져야 한다. 2천년 전, 로 마의 황제이자 스토아학파의 철학을 실천한 철인 황제로 유명한 마르쿠스 아우렐리우스가 「명상록」에 남긴 "우리가 듣는 모든 것은 의견이지 사실이 아니다. 우리가 보는 모든 것은 관점이지 진실이 아니다."라는 말을 기억할 필요가 있다.

협상 당사자들은 제3자가 중립적이어야 한다고 생각해도, 화해·조정·중재가 자신에게 유리하게 작용하리라 기대한다. 이러한 딜레마 때문에 제3자의 지원은 당사자들의 합의를 추구해도 지원의 방식과 강도에서 차이가 난다. 가장 느슨한 지원 방식인 화해는 당사자들의 대화를 촉진하는 데 주안점을 둔다. 화해와 비슷하나 조정은 지원의 깊이와 강도가 조금 더 크고, 대화의 촉진을 넘어 전문가로서의 조언을 제공하며, 당사자들의 이견을 줄여 합의의 돌파구를 만드는데 주안점을 둔다. 중재는 조정에서 더 나아가 당사자들이 제3자의 결정을 따르기로 사전에 합의함으로써 분쟁을 해결하는 것이다. 중재처럼 지원의 강도나 수준이 올라갈수록 제3자에게는 법 지식이 더 요구된다. 분쟁 이슈가 법적으로 복잡하다면 더욱 그렇다.

협상은 물론 화해·조정·중재의 능력도 과학적 분석과 경험의 산물이다. 협상과 화해·조정·중재는 이익의 논리를 중시하기에 문제에 대한 정확한 이해 능력이 필수적이다. 또 협상은 당사자들이 직접 대화를 하지만, 화해·조정·중재는 전문가를 낀 간접 대화가 많이 활용되기 때문에 편견 없이 상황과 사람의 심리를 이해하는 능력도 중요하다. 문제나 상황 그리고 사람에 대한 이해 능력을 키우는데 경험이 특히 중요하다. 중세에서 근대로 전환기인 르네상스 시대 영국의 유명한 철학자인 프란시스 베이컨은 「협상론」 등에서 협상과 제3자의 지원을 통한 분쟁 해결을 일찍이 강조했다. 그는 아는 것이 힘이라며 경험을 통한 지식에다 우상을 만드는 편견을 버리고 자연을 있는 그대로 봐야 한다며 과학적 분석을 강조했다.

화해·조정·중재가 성공하려면 협상 당사자에 대한 설득도 중요하다.

설득은 상대방이 수긍할 수 있는 논거와 상대방의 호응을 끌어내는 감동이 복합적으로 작용함으로써 성공한다. 앞에서 언급했지만, 고대 그리스 철학자 아리스토텔레스는 설득의 세 가지 성공 요인을 제시한 바 있다. 첫째, 말을 하는 화자의 인품, 둘째, 청중의 올바른 태도를 이끌어 가기 셋째, 논거의 타당성을 들고 있다. 화해·조정·중재를 하는 사람이 믿을 만한 인품을 가지고 있고, 당사자들이 이들을 따라주면 설득이 성공할 가능성이 크다. 당사자들의 신뢰를 얻을 가능성이 크기 때문이다. 특히 당사자들 사이에 논란이 되는 문제가 지식의 범주를 넘는 경우라면 더욱 그렇다. 화해·조정·중재를 하는 사람이 믿을 만한 자질이 있다고 당사자들이 신뢰하기 때문이다.

16. 노동분쟁과 화해·조정·중재

노동분쟁을 화해·조정·중재로 해결하는 관행이 세계 각국으로 확산하고 있다. 전통적 분쟁 해결 방식인 파업이나 소송은 분쟁 해결의 비용과 시간 등의 손해가 크기 때문이다. 게다가 디지털화가 되면서 노동의 성격과 고용의 형태가 다양해지고, 기술과 경제 여건의 변화가 빨라지면서 분쟁으로 인한 기회비용도 커져, 당사자들의 자율적인 해결이 더 중요해지기에 그렇다. 파업이나 소송으로 인한 손해는 당사자들만의 문제가 아니다. 생산이나 고용 관계의 중단에 따른 손해는 당사자뿐 아니라 이해관계가 간접적으로 걸린 당사자들에게도 돌아간다. 이 때문에 정부는 노동분쟁 해결의 새로운 방식으로 화해나 조정의 활용을 법·제도적으로 의무화하고, 분쟁의 예방과 신속한 해결을 위해 교육·상담 서비스 기능을 강화하고 있다.

노사 협상에서 화해·조정·중재 등의 활용은 당사자들의 협상이 난관에 봉착했을 때이다. 협상이 성립될 수 있음에도 불구하고 결렬되는 이유는 크게 보면 3가지로 나누어 볼 수 있다. 첫째, 노사가 나눌 수 있는 파이나 보텀 라인(bottom line) 등에 대한 정보의 비대칭성에 기인한다. 정보의 비대칭성은 한쪽은 정보를 알고 다른 쪽은 모르는 문제로, 과도한 기대나 요구를 유발한다. 둘째, 양보나 협력 등에 대한 노사의 개인 또는 집단의 심리적 문제에 기인한다. 실제보다 자신의 양보는 크고 상대방의 양보는 작다고 보는 문제가 생긴다. 셋째, 자율적 결정을 제약하는 법·제도에 기인한다. 법에 따라 조합원 투표로 선출되는 노동조합 집행부는 조합원의 신뢰를 얻으려고 선명성을 강조하고 필요 이상으로 강경한 태도를 보이는 문제가 발생한다.

노동분쟁에서 화해·조정·중재의 활용은 근거가 되는 법·제도와 밀접하다. 분쟁 해결 절차의 하나로 법에서 규정되고, 때로는 활용이 의무화된다. 노동법은 당사자들의 요구와 주장의 경계가 된다. 따라서 합의에 미치는 영향력은 크고 직접적이다. 법의 해석과 적용에는 불확실성이 따르기에 판례나 판정 등도 중요하다. 화해·조정·중재 등으로 분쟁을 해결하는 경우 법의 경계선에 있는 사건은 불확실성이 크다. 이에 따른 위험 부담은 화해·조정·중재를 촉진하는 요인으로 작용한다. 즉 사법적 위험 부담을 피하려고 자율적으로 분쟁을 해결하고, 이것이 어려우면 화해·조정·중재를 활용하려고 한다. 특히 분쟁이 구성원들의 관계나 권한 등 조직 내부의 문제로 조용하게 해결하려 하거나 또는 외부 사람들이 쉽게 이해하기 어렵다면 더욱 그렇다.

17. 직장생활과 협상

직장인의 삶은 협상의 연속이다. 협상이라는 용어가 생소하거나 거창하게 들릴지 모르지만, 채용부터 퇴직까지 직장생활을 살펴보면 협상의 원리가 광범위하게 활용되고 있다. 채용은 주겠다는 급여와 원하는 급여가 일치하고 근로계약까지 체결됨으로써 이루어지고, 조기 퇴직은 적정한 위로금에 대한 합의로 결정된다. 근로계약에는 급여뿐 아니라 고용과 근로시간 그리고 복지 등 각종 근로조건이 포함되기에 채용은 패키지 협상을 통해 결정되는 셈이다. 협상과 비슷한 의미가 있는 협의는 직장생활 속에서 거의 날마다 이루어진다. 업무의 부여는 물론 배치와 전환, 평가와 징계 등은 공식적이든 비공식적이든 협의를 거친다. 또 상사의 결정 등에 대한 불만이 있는 경우 고충 처리 절차를 통한 불만 해소에도 협상의 원리가 활용된다.

노동조합에는 협상이라는 용어보다 단체교섭이라는 용어를 보편적으로 쓴다. 단체교섭은 영어로 집단적 협상(collective bargaining)인데, 조합원인 근로자들을 대표하는 조직체인 노동조합과 기업을 대표하는 사업주(보통 사용자라고 함)가 협상의 주체가 되어, 임금이나 근로조건 등을 규정하는 단체협약을 체결하기 위해, 법에 따라 진행하는 협상을 말한다. 단체교섭이 일반 협상과 다른 가장 중요한 차이는 결렬되면 노동조합이 파업할 수 있다는 점이다. 파업권을 보호하는 이유는 단체교섭의 촉진에 있다. 파업은 사용자가 단체교섭에 성실히 임해 분쟁을 해결하도록 하지만 근로자도 임금 소득의 손실을 감수하게 된다. 나라마다 단체교섭과 파업권의 보호 그리고 파업 기간의 고용 관계 유지 등에 관한 법·제도는 다르다.

18. 직장인의 고충 해결

직장인은 사업장에서 부당한 대우나 조치로 권리가 침해받으면 고충을 제기할 수 있다. 노동조합이 있다면 단체협약이, 그렇지 않으면 근로자 참여 및 협력 증진에 관한 법이 이를 뒷받침한다. 부당한 징계, 승진과 배치 등에서 차별, 상사나 동료 등으로부터 괴롭힘과 성희롱 등이 권리 침해에 해당한다. 상대방과 대화로 이 문제를 해결하는 노력은 협상을 의미한다. 상대방이 사과하고 재발하지 않으면 해결되지만, 그렇지 못하다면 책임자나 최고경영자에게 해결을 요구하게 된다. 이런 경우 권리 침해가 사실인지 조사하고 적절하게 조치하는 것도 협상의 일환이다. 이런 경우 책임자는 화해나 조정의 역할을 할 수 있다. 화해나 조정도 협상의 연장선이라는 점에서 고충 해결이나 권리구제 협상은 2단계로 이루어지는 셈이 된다. 하지만 화해나 조정이 실패해 갈등이 악화하면 책임자는 이 문제의 당사자가 될 수 있다.

직장생활의 고충을 신속하게 해결하는 것은 당사자는 물론 기업에도 이익이다. 따라서 노사가 고충을 효과적으로 해결하는 시스템을 만드는 데 관심을 쏟는 것은 당연하다. 노사관계가 발전한 국가일수록 관행으로 확립되어 있다. 효과적인 고충 해결 시스템은 고충을 제기한 당사자에 대한 불이익이 없어야 하고, 당사자의 프라이버시를 보호해야 한다. 고충과 관련된 당사자들의 협상은 대등한 위치에서 또 화해나 조정은 중립적인 위치에서 이루어지도록 만들어야 한다. 나아가 직장 내부에서 자체적으로 고충을 해결하기 어려운 경우 외부 전문가의 지원을 받을 수 있도록 노사가 사전에 합의해 두어야 한다. 여기에는 외부 전문가의 추천과 선정, 권한과 의무, 합의의 법적 효력, 회의 진행의 룰(rule)과 방식, 이에 따른 비용 부담 등이 포함된다.

우리나라와 달리 미국은 고충처리제도가 법으로 의무화되어 있지는 않으나 노사관계 시스템의 핵심이다. 분쟁 해결에 대한 정부 관여와 노사자치의 문화 차이에 기인하는 것이라 보인다. 미국은 노사자치에 따라 외부 전문가들에 의한 사적 조정·중재를 고충 해결에 광범위하게 활용하지만 우리나라는 그렇지 못하다. 미국은 노동조합의 고충 처리를 권리 분쟁 해결로 본다. 노동조합이 없는 사업장도 분쟁 예방을 위해 고충 처리에 적극적이다. 고충 해결과 권리 분쟁은 거의 다 중재를 통해 해결된다. 노사가 사전에 합의한 분쟁 해결 절차에 따라 중재위원을 선택하고, 중재 이전에 화해나 조정을 적극적으로 활용하며, 중재위원의 권한과 진행 방식은 당사자들의 합의에 따르고, 이에 필요한 비용은 중재 결과 등에 따라 당사자들이 분담한다.

　디지털 시대가 되면서 근로자 각각의 고용과 노동이 차이가 나고 직장 이동이 많아진다. 이에 따라 직장 내 갈등이 많아지고 복잡해지고 있다. 이러한 노동분쟁의 환경 변화에 적극적으로 대응하려면 화해·조정·중재를 폭넓게 활용할 필요성이 커진다. 하지만 우리나라는 집단 노동분쟁의 공적 조정이 강화되어 있지만 활성화되지 못하고, 개별 노동분쟁은 화해·조정과 접목이 약하며, 중재는 활용도가 낮고, 사적 조정제도는 활성화되어 있지 못하다. 우리나라는 파업 등 집단 이익 분쟁의 50% 정도가 노동위원회의 조정으로, 해고나 징계 등의 개별 노동분쟁은 60% 정도가 화해·취하로 해결된다. 하지만 미국은 집단 이익 분쟁의 75%가 조정으로, 집단 권리 분쟁의 98%가 중재로, 차별 등 개별 분쟁의 85%가 화해·조정으로 해결된다.

III. 협상을 잘하려면

1. 협상에 대한 오해부터 털어내자

누구나 유능한 협상가가 되고 싶어 할 것이다. 협상은 삶의 지혜이기에 기본에 충실하고 경험을 쌓으면 그렇게 될 수 있다. 하지만 우리나라는 그런 기회가 많지 않다. 협상과 화해·조정·중재에 대한 교육과 중요성에 대한 인식이 부족하다. 거래 관계나 고용 관계는 신뢰의 바탕 위에서 협상의 원리가 작용한다. 하지만 낙후한 분쟁 해결 문화는 신뢰를 저하해 경제와 정치사회발전의 장애 요인이 되고 있다. 협상을 한편으로 야합이나 유착이라며 공격하고 다른 한편으로 투쟁적인 모습으로 선명성을 보여주는 기회로 악용하는 문제가 나타난다. 힘으로 이익을 관철하고, 고소·고발을 남발하면서 '파업 공화국'이나 '소송 공화국'이라는 말이 나올 정도다. 대립적 분쟁 해결 문화는 불신이 또 다른 불신을 일으키는 악순환을 일으키고 있다.

협상에 임하지만 분쟁 해결이 아니라 말싸움의 자리로 생각하는 문제도 있다. 자신이 하고 싶은 말만 쏟아내고, 상대방의 발언에는 꼬투리를 잡아 협상이 오히려 불신을 키우기도 한다. 이러한 문제 때문에 화해나 조정의 활용도 어려워 당사자는 물론 사회 전체가 손해를 본다. 협상을 통해 쌍방의 이익을 키울 수 있음에도 불구하고 자기의 이익만 챙기려 하다 보니 오히려 나눌 수 있는 파이 전체가 줄어 결국 자신에게 돌아오는 몫이 감소한다. 일부 노동조합은 단체교섭을 파업이란 단체행동을 위한 통과의례로 생각하는 경향이 있다. 파업을 벌이기로 작정하고 협상을 하니 화해나 조정을 활용하지 않는다. 이뿐 아니라 법을 위반하는 문제도 가볍게 여겨 단체행동이 사법적 분쟁거리로 악화하는 문제도 생긴다.

2. 성향의 차이를 존중하자

협상은 사람의 일이고 사람마다 성향이 다르기에 협상 스타일도 차이가 난다. 관련 연구에 의하면 성이나 나이, 나라와 지역에 따라 갈등의 해결과 협상에 대한 성향이 다르다. 여성은 남성보다 상대적으로 관계를 중시하고 반면, 남성은 여성보다 갈등을 일으킨 문제 그 자체를 중요하게 생각한다. 대화도 여성은 남성보다 감성적이다. 나이가 많을수록 갈등을 회피하는 성향이 강하다. 이런 특징에 더해 우리나라는 나이에 따른 서열과 가부장적 문화가 존재하고 대화에서 존칭이 중요하다. 협상은 대등한 관계를 전제로 한다. 반말은 대화의 최대 장애가 되어, 갈등 이슈 그 자체가 아니라 사람이 갈등의 요인으로 된다. 글로벌 협상학자들은 한국 협상 문화의 특징으로 기분(Kibun)이나 정(Chung)을 꼽으며 감성적인 성향이 강하다고 평가한다.

직장 내 갈등도 협상 성향의 차이와 관계가 깊다. 관련 연구에 의하면, 업무 관련 괴롭힘은 편견이 중요 요인으로 작용하고, 남성보다 여성이 또 나이 많은 사람보다 적은 사람이 괴롭힘을 심각하다고 인식하는 경향이 있다. 또 상사의 역할인 업무의 분장과 지시를 위한 대화가 괴롭힘으로 인식되고, 성에 따라 구분을 짓는 발언으로 불쾌감을 크게 느끼는 문제가 발생하고 있다. 게다가 남성이라면 넘어갈 수 있는 말이 여성에게는 폭력적이거나 성희롱으로 들릴 수 있다. 이러한 갈등 성향의 차이를 이해하면 대화가 쉬워진다. 그렇지 못하면 대화는 막히기 쉽고 갈등은 고착될 수 있다. 이러한 문제를 스스로 인식하고 경계하지 못하면 상대방은 자신을 멀리하고 협상의 기피 대상이나 협상하기 어려운 상대로 간주하게 된다.

3. 이념의 차이도 극복할 수 있다

어떤 문제로 협상하느냐에 따라 난이도가 다르다. 관련 연구에 의하면, 경제적 문제는 이념적 문제보다 협상하기가 상대적으로 쉽다. 또 이념이나 종교적 신념과 직결된 분쟁은 격렬하고 협상을 하더라도 쌍방의 인식을 좁히기 쉽지 않다. 이념은 사물을 이해하는 프리즘의 역할뿐 아니라 의사결정의 프레임을 좌우하기 때문이다. 경제적 문제라도 그 이면에 이념이 깔린 경우가 많다. 이런 경우 협상은 이익의 문제와 이념의 문제를 분리하는 접근이 필요하다. 이념이 합의를 방해한다면 이념보다 상위에 있는 명분과 논리를 찾을 필요가 있다. 예를 들면, 생명이나 안전의 중시와 같은 인도주의 관점에서 합의의 틀을 만들 수 있다. 이념이나 종교는 달라도 누구나 공감할 수 있는 원칙에 일단 합의하면 이에 따라 세부 문제를 후속 합의하기 쉽다.

4. 협상의 이익은 다면적이다.

협상에서 추구하는 이익이 하나처럼 보이나 실제는 그렇지 않은 경우가 많다. 일반적인 거래나 고용 협상도 추구하는 이익은 대체로 다면적이고, 당사자에 따라 이익의 우선순위가 다를 수 있다. 협상에서 추구하는 이익은 4개로 나눌 수 있다. 당면한 권리와 의무에 관한 실체적 이익, 미래와 관련한 원칙적 이익, 당사자들의 신뢰와 협력에 관한 관계적 이익, 당사자들의 지위나 분쟁 해결 과정에 관한 절차적 이익이다. 분쟁을 일으킨 문제가 복잡하고 당사자들의 관계가 지속적일수록 더욱 그렇다. 그런데도 특정 이익에만 치중해 협상하면 합의에 성공하기 어렵고 합의를 해도 유감이 남는다. 예를 들어, 한쪽은 현재의 실체적 이익을 다른 한쪽은 미래의 원칙적 이익을 고집하면, 협상은 난항하고 합의하더라도 관계적 이익은 배제된다.

해고 분쟁을 예로 들어 협상 이익의 다면성을 살펴보자. 사용자와 근로자가 징계 해고의 정당성 문제를 다투고 있다. 사용자는 다른 근로자들을 의식해 기업의 조직 기강과 업무 분위기상 징계 해고가 불가피하다고 주장한다. 반면, 근로자는 해고가 과도하고 절차에도 하자가 있다며 원직 복귀와 금전 보상 요구로 대립한다. 이런 경우 해고는 해당 근로자에게는 이익의 문제와 절차의 문제이지만, 사용자에게는 원칙과 관계의 문제다. 각자의 이익이 다면적임을 이해하면 협상의 이익을 만들 수 있고, 근로자는 원직 복직 대신 받지 못한 임금에다 약간의 보상금을 더해 사용자와 합의할 수 있다. 근로자는 복직해도 정상적으로 직장생활을 하기 어렵고 또 사용자는 보상 액수가 늘더라도 분쟁을 조기에 해결할 수 있는 이점이 있다.

5. 협상은 테크닉이 아니다

협상 능력은 협상 테이블에서의 테크닉을 의미하는 것일까? 협상이라면 말 잘하고 꾀를 잘 부려 상대방이 넘어가도록 만드는 기교로 생각할 수 있다. 중국 고전에 나오는 전국시대의 협상가 소진이 세 치의 혀로 중국을 흔들었고, 존경받는 고려 시대의 협상가 서희가 달변으로 거란의 장수와 담판을 벌여 평안도의 강동 6주를 지켰다는 이야기를 떠올릴지 모른다. 하지만 이들은 상대국의 사정과 인물 등을 치밀하게 연구하고 나름대로 논리를 만듦으로써 협상에 성공했다는 점을 놓쳐서 안 된다. 소진은 소국들이 연합해 대국을 물리쳐야 한다는 논리로, 서희는 거란의 침공이 부당함을 고려가 고구려의 후신이라는 논리로 설득했다. 협상은 테크닉이 아니라 예술이자 과학이다. 협상은 일반 원리가 있고 다만 활용 방식이 각각

다를 뿐이다.

유능한 협상가는 갑자기 등장하지 않는다. 지식과 경험이 필요하다. 신생 노동조합은 역사가 오래된 노동조합보다 파업 성향이 높고, 입사한 지 얼마 안 되는 사람은 오래된 사람보다 직장분쟁에 휘말릴 가능성이 큰 이유도 그 차이에 있다. 파업이나 분쟁을 일으킨 주역은 똑똑하고 말도 잘하지만, 협상에서 실패하는 경우가 허다하다. 반면, 말솜씨는 떨어져도 치밀한 사람이 협상에 성공해 주변을 놀라게 하는 경우가 많다. 협상을 잘하고 싶다면 사전에 준비부터 해야 한다. 협상도 준비한 만큼 성과가 나온다. 협상을 처음 한다면 가능한 일부터 차근차근 준비하는 자세가 필요하다. 준비는 충분하지 않고 의욕만 과잉이 되어서 안 된다. 협상을 하기 전에 시간을 가지고 필요한 자료와 정보를 모으고 분석하며 관련되는 사람들도 만나야 한다.

6. 문제의 진단부터

아무리 복잡한 분쟁이라도 원인이 있고 결과가 따른다. 분쟁이 복잡할수록 분쟁의 본질을 파악하는 일이 더 중요하다. 분쟁의 진단이 정확할수록 처방은 더 효과적이다. 협상에 성공하기 위해서는 분쟁의 원인을 진단하고 처방을 찾는 노력은 사전에 기울여야 한다. 이러한 이유로 협상의 성공은 80%가 협상하기 이전의 준비에 좌우된다는 경험적 주장이 제기된다. 준비가 잘되어 있으면 협상이 시작된 이후 어떻게 진행될지 어떤 결과에 도달할지 예측할 수 있다. 협상의 준비는 크게 보면, 첫째, 분쟁이 발생한 원인은 무엇인지 둘째, 지금까지 분쟁이 어떻게 진행되어왔는지 셋째, 분쟁의 해결을 가로막아왔던 요인이 무엇인지 넷째, 상대방이 협상에 적극적이지 않다면 무슨 이유인지 등을 진단하는 것으로 시작할 필요가 있다.

단체교섭으로 해마다 진통을 겪고 있는 전통 제조 기업의 사례를 보자. 이 회사는 빠르게 성장했다가 지금은 외국 경쟁 기업에 밀려 매출과 수익성이 모두 하락하고 있다. 직원들의 교육훈련에 대한 투자는 대폭 줄었고 신규 투자와 신규 채용은 중단했다. 회사는 해외 공장을 만들고 싶어 하지만, 노동조합이 반대하고 조합원들은 노동조합에 대한 신뢰가 낮다. 이런 가운데 최고경영자가 바뀌었다. 그는 현 상황을 진단하고 이를 구성원들과 공유하면서 노동관계를 안정시키는 일에 나섰다. 회사의 비전이 부족하고, 주주들은 경영진에 대한 신뢰가 낮고, 노동조합은 내부 갈등으로 집행부가 취약하고, 단체교섭이 전투적이라 노사가 문제를 함께 해결하기 어렵고, 현장의 관리자들은 직원과 소통이 별로 없다는 점을 문제의 원인으로 지적했다.

7. 협상의 프로토콜 만들기

사공이 많으면 배가 산으로 간다는 말이 있듯이 협상도 그렇다. 많은 경우 협상의 진행을 관리하기 위한 별도의 사전 협상이 필요하다. 협상에 참여하는 사람이 많거나, 참여하지는 않으면서 바깥에서 협상을 평가하고 '훈수'를 두는 사람이 많으면 협상 대표도 딜레마에 빠지기 쉽다. 이들을 의식해 강경한 태도를 보이지만 상대방과 대화는 멀어진다. 또 협상 당사자가 둘 이상이라 공동으로 협상하는 경우 자기 협상팀 내부의 의견 조정하는 것만으로도 시간이 더 지체된다. 게다가 분쟁 이슈가 신기술의 도입과 고용 충격 등 경험하지 못했던 새로운 문제라면 위험성을 부풀린 극단적인 주장이 제기될 수 있다. 그렇지 않다고 해도 각자의 주장이 그만큼 다양한데다 주장의 근거는 불확실해, 논의는 겉돌고 협상이 지연될 수 있다.

천 리 길도 한 걸음부터라는 말이 있듯이 본격적인 협상 이전에 협상의 원활한 진행을 위한 규칙을 사전에 만드는 일이 중요하다. 협상 전체로 보면 걸리는 시간을 오히려 줄일 수 있다. 이러한 규칙을 프로토콜(protocol)이라고 한다. 협상에 따라 내용은 다르지만, 협상의 시작부터 마무리까지 당사자들이 지켜야 할 절차와 행동에 관련된다. 협상의 회의 시간과 장소, 참석자와 범위와 숫자, 발언의 순서와 기록, 제안의 접수와 전달, 합의서 작성과 효력 등 광범위하다. 협상을 처음으로 하는 관계라면 프로토콜이 없어서 혼란은 그만큼 커진다. 이런 경우라면 당사자들은 협상을 시작하기 이전에 프로토콜을 만들기 위한 사전 협상을 하는 것이 좋다. 그렇지 못했다면 첫 번째 협상에서 절차와 행동 등 협상의 규칙을 만드는 것이 바람직하다.

8. 의사소통은 정확하게

협상은 생각이나 감정의 교환 등 의사소통의 과정이다. 의사소통이 원활하면 협상이 성공할 가능성이 커진다. 하지만 상대방의 생각이나 감정을 인식하는 지각의 틀이 각자 다르면 의사소통이 쉽지 않다. 협상이 뜨거워지면 감정까지 앞서, 의사가 잘못 전달되거나 상대방이 오해해 의사소통의 오류가 발생하기 쉽다. 협상 당사자들이 팀으로 구성되면 내부에서도 오류가 발생할 수 있다. 따라서 의사소통을 정확하게 하기 위한 노력을 특별히 기울여야 한다. 상대방의 말하는 스타일이나 어법 등은 물론 의사소통이 어떤 상황에서 어떠한 목적으로 이루어지는지 주의해야 한다. 의사소통은 협상의 단계에 따라 주안점이 다르다. 초기는 요구나 주장의 의도를, 본격적 단계는 제안의 내용을, 마무리 단계는 합의의 조건을 파악하는 일이 중요하다.

협상이 마지막으로 갈수록 대안을 선택할 시간은 짧아지고 의사소통의 속도는 빨라진다. 중요한 의사결정은 협상 기간의 마지막 20%에 이루어진다고 한다. 대안의 선택과 결정에는 상대방뿐 아니라 내부 구성원들의 의사소통이 필수다. 하지만 상황이 긴박해질수록 의사소통이 부정확해질 수 있고 피해는 그만큼 커진다. 협상이 한 명이 아니라 팀으로 구성되고 특정한 사람이 협상을 주도하거나, 협상에 영향을 미치는 중요한 객체들이 외부에 있다면 더욱 그렇다. 의사결정의 책임이나 정보 유출 등의 문제로 충분한 고려 없이 의사결정을 할 수 있다. 또한 상대방에게 어떤 제안을 하거나 의사를 물어볼 때 동의 여부나 분명한 답변을 확인하지 않고 넘어가 차후 논란이 생길 수도 있다. 이러한 오류를 피하는데도 회의록 작성이 도움이 된다.

9. 심리적 문제의 극복

사람은 자기중심적이다. 정도의 차이는 있지만 잘못되면 남을 탓하거나 환경을 탓하고 반면, 잘되면 자기의 능력이라고 생각하는 경향이 있다. 또 자기는 공정하고 일관성이 있고 반면, 상대방은 그렇지 않다고 생각하고, 돌아가는 상황이나 상대방을 자기 편리한 대로 생각하는 경향이 있다. 이뿐 아니라 고정 관념에 빠져 상대방을 집단의 일반적 특성에 맞추어 보거나, 한 가지 특징을 확대해 일반화한다. 게다가 자기의 생각과 부합하는 정보는 받아들이고, 그렇지 않다면 중요한 정보인데도 불구하고 무시한다. 협상에서 이러한 심리적 문제는 협상의 오류를 일으킨다. 이러한 오류를 피하려면 자신이 심리적 문제로 오판할 수 있음을 인정하고, 판단의 논거를 스스로 검증하며, 협상 팀원들과 의견 교환 등으로 오판을 예방해야 한다.

협상에서 흔히 범하는 갖가지 실수도 심리적 문제와 밀접하다. 이러한 문제는 다양하지만 몇 가지로 유형화할 수 있다. 첫째, 주변 상황에 대한 낙관과 자기 능력에 대한 과신 때문에 협상을 준비할 여유가 있음에도 불구하고 소홀히 하는 실수를 범한다. 둘째, 협상으로 쌍방이 가질 수 있는 파이를 늘릴 수 있음에도 불구하고 고정되었다고 생각하고 몫의 배분에 집착해 합의의 기회를 놓쳐 손해를 자초한다. 셋째, 고정 관념 때문에 '그들'과 '우리'로 편을 나누어 필요 이상으로 경쟁·대립해 협상을 어렵게 만든다. 넷째, 정보를 편향적으로 수용하기 때문에 중요한 정보를 놓쳐 의사결정의 오류를 자초한다. 다섯째, 자기중심적 심리 때문에 자신은 합리적이고 공정한데 상대방은 그렇지 않다고 생각해 협상을 난항에 빠뜨린다.

관련 연구에 의하면 차별과 괴롭힘 등도 기업의 조직 문화와 구성원의 심리적 문제와 밀접한 관계가 있다. 차별의 주요 원인인 편견은 배타적이고, 이에 더해 공격성까지 보이면 괴롭힘으로 이어진다. 정규직 중심 기업 문화는 차별을, 남성 중심 기업 문화는 성희롱 문제를 일으키기 쉽다. 하지만 기업의 문화가 폐쇄적이고 권위적이면, 차별과 괴롭힘의 문제는 덮어지고 결국 작은 갈등이 분쟁으로 커질 가능성이 있다. 게다가 기업 내부의 정보의 흐름과 공유도 왜곡해 기업의 경쟁력과 구성원들의 직장 만족도도 떨어뜨린다. 이러한 문제를 해결하려면 최고경영자의 자각과 조직 혁신 등을 통한 기업 문화의 개선이 필수적이다. 미국의 우량기업이 직장 내 차별과 괴롭힘 등의 해결에 적극적이고 또 윤리 강령이나 예방 교육을 강화하는 이유다.

10. 협상은 신뢰다

상대방 주장의 수용 여부는 신뢰에 좌우된다. 당사자들이 서로 신뢰하면 대화가 잘되고 정보도 공유되어 협상의 성공 가능성은 그만큼 커진다.

신뢰는 상호존중의 태도로 거짓이 없는 주장으로 이익의 공정한 배분을 추구할 때 쌓인다. 거짓으로 작은 이익을 얻을 수 있을지 모르지만, 확률적으로 보면 결국에는 불신을 자초함으로써 생기는 손해가 더 크다. 이러한 점을 전문가들은 '사실 진술의 원리'라고 한다. 이뿐만 아니라 상대방이 존중·배려하면 자신도 존중·배려해야 한다는 심리적 부담을 느끼고 상대방의 양보에 상응하는 양보를 하도록 만든다. 이러한 점을 '상호성의 원리'라고 한다. 따라서 '사실 진술의 원리'나 '상호성의 원리'는 일방적인 손해나 양보는 피하고 신뢰 관계를 만드는 핵심 원리라고 할 수 있다.

전문가들은 공정과 정직을 협상 당사자들과 화해인·조정인이 지켜야 할 규범, 즉 협상의 윤리로 손꼽는다. 하지만 협상의 윤리는 이익을 극대화하려는 협상 당사자에게 딜레마가 될 수 있다. 따라서 본인이 넘어서는 안 될 선은 물론, 비윤리적 행동을 일삼는 '곤란한' 사람에 대처하는 원칙도 분명히 해 둘 필요가 있다. 비윤리적인 행동은 사실이 아닌 정보로 기만하거나, 약점을 악용하거나, 불확실한 상황을 틈타 기회주의적으로 행동하는 것 등이다. 이보다 덜하나 약속이나 위협이 진정성이 없는 허풍이나 엄포라면 마찬가지다. 본인이 비윤리적 행동의 유혹을 느낀다면 손해가 더 클 수 있다는 점을 스스로 주지해야 한다. 상대방의 행동이 명백하게 비윤리적이라고 판단되면 지적하거나 경고하고 그래도 계속하면 협상 중단을 검토할 필요가 있다.

11. 최선의 합의 도출

시간에 쫓기고 심리적 압박을 받는 가운데 협상의 긴 여정은 합의로 마무리된다. 합의는 협상 쌍방의 공동 작품이고, 협상의 성공 여부는 합의의 질적 수준에 따라 평가가 달라진다. 협상의 성공적 마무리에는 인내와 평정심이 필요하다. 하지만 합의가 가능한 여러 대안을 제대로 검토하지 않고 어느 하나에 쏠릴 수 있다. 또 '승자의 저주'라고, 원하는 바를 달성하고도 과욕으로 오히려 손해를 볼 수 있다. 이러한 문제를 피하려면 최선의 대안을 선택하기 위한 기준과 원칙이 필요하다. 따라서 상대방과 최종 합의안의 선택 기준과 원칙에 대해 사전 합의해 두는 것이 좋다. 기준과 원칙을 자신에게 일방적으로 유리하게 만들고자 하는 유혹은 뿌리치고 쌍방 모두에 이익이 되고, 생산적이며 미래 지향적인 관계에 도움이 되도록 만들어야 한다.

예를 들어, 노사가 단체교섭에서 두 가지 합의 대안이 있고, 어느 하나를 선택하느냐를 놓고 막판 진통을 겪고 있다고 하자. 1안은 임금 인상률은 높으나 성과급 비중이 높고 2안은 임금 인상률은 낮아도 성과급이 고정되어 있다. 노사는 기업의 경쟁력과 고용안정을 선택 기준으로 삼기로 했지만, 두 가지 안 모두에 대해 조합원들은 동일 업종의 다른 기업에 비교해 기대에 미치지 못한다고 반면, 대주주는 인건비 부담이 너무 커진다고 불만이다. 이러자 노사는 선택 기준에 비교 대상 기업들의 평균 임금 인상과 임금체계를 포함하기로 하고, 1안과 2안을 절충한 3안을 만들어 최종 합의했다. 이렇다면 실체적 이익에 관심이 많은 조합원과 원칙적 이익을 중시하는 대주주의 요구 사이에 관계적 이익을 고려함으로써 균형을 잡은 것이다.

12. 합의 이행의 장치

합의에 도달했지만 제대로 이행하지 않으면 협상은 의미를 상실한다. 따라서 협상은 권리·의무를 규정하는 합의(이익 분쟁)뿐 아니라 합의의 해석과 적용을 둘러싼 문제(권리 분쟁)도 다루어야 한다. 하지만 권리·의무에 대한 사항을 합의 이전에 일일이 규정·명시하는 것이 현실적으로 어렵기에, 해석과 적용에 대한 사후적 다툼을 해결할 장치를 미리 만들어야 한다. 게다가 합의서에 담긴 용어 등의 의미를 당사자들이 다르게 생각할 수 있으며, 합의서를 작성하는 사람과 집행하는 사람의 생각이 다를 가능성도 크다. 합의서에 일반적으로 통용되는 용어가 아닌 특수 용어가 있다면 더욱 그렇다. 권리 분쟁일수록 신속한 해결이 중요하기에, 자율적으로 해결하되 어려우면 중재 등을 활용하도록 절차와 방식, 담당할 사람(기관)을 미리 합의해 둘 필요가 있다.

13. 합의 이후의 과제

협상이 끝났다고 끝난 게 아니다. 본 협상 이전에 사전 협상이 필요하듯이 협상 이후에 사후 협상이 필요하다. 합의를 성실하게 이행하고, 만일 합의 이행을 둘러싼 다툼이 생긴다면 조기에 해결해야 하기 때문이다. 이러한 노력은 평판과 신뢰가 되어 추후의 갈등과 분쟁 해결에 영향을 미친다. 좋은 평판과 신뢰를 쌓으려면 합의가 이행되는지 모니터링을 하는 데 필요한 정보와 자료를 제공해야 한다. 노동의 경우 분쟁이 빈발하는 사업장과 그렇지 않은 사업장으로 양극화되는 이유 중의 하나는 합의 이후의 노력 차이에 있다. 빈발하는 사업장은 이익 분쟁뿐 아니라 권리 분쟁에도 취약하다. 단체협약이 허술하고 권리 분쟁을 해결하는 장치는 없으며, 자율적으로 해결할 수 있음에도 불구하고 신뢰가 부족해 법원에서 소송으로 해결한다.

14. 협상 스킬의 가치

협상 능력은 직장인이라면 갖추어야 할 기본 스킬이다. 협상의 연장선

에 있는 화해·조정·중재의 활용은 경영자나 노동조합 간부라면 필수적
으로 갖추어야 할 문제해결 능력과 조직관리 능력을 좌우한다. 이러한 능
력은 대인관계와 소통 등에 필요한 능력, 휴먼 스킬(human skill) 또는 사
회적 스킬(social skill)의 핵심으로 손꼽힌다. 호주의 경우 글로벌 컨설팅
회사인 딜로이트(2019)의 분석에 의하면 휴먼 스킬이 10% 높으면 임금을
5% 이상 많이 받고, 기업의 휴먼 스킬 투자는 20% 이상의 생산성 향상으
로 나타난다. 세계적 권위를 인정받는 미국 국가경제연구기구(NBER)의
분석(2016)에 의하면, 노동력이 부족한 과학·기술·공학·수학(STEM) 전
공자라고 하더라도 사회적 스킬이 떨어지면 취업 기회가 3% 작은 것으로
나타난다.

　우리나라 성인은 한국개발연구원(2017)에 의하면, 경제개발협력기구
(OECD) 회원국들과 비교해 교육 수준은 매우 높은데 문제해결 스킬은 매
우 낮은 것으로 평가된다. 문제해결 스킬의 많은 부분이 협상 능력에 좌우

되지만, 학교나 직장에서 이를 익힐 기회가 적다. 협상과 화해·조정·중재에 대한 교육은 거의 이루어지지 않고 있다. 이러다 보니 분쟁을 힘의 논리나 권리의 논리에 의존해 해결하려는 경향이 강하다. 이뿐 아니라 우리나라는 협상과 화해·조정·중재에 관한 법·제도가 미흡하고 전문가들도 부족하다. 경제적 측면뿐 아니라 분쟁 해결 문화 측면에서도 선진국이 되려면 시급히 보완해야 한다.

Chapter

02.

의사소통

02 의사소통

서광범 · 윤광희

Ⅰ. 의사소통이 왜 중요한가?

1. 의사소통의 오류로 겪는 문제들

현대사회의 아이러니 중 하나는 수많은 의사소통 매체가 등장하면서 의사소통 기법이 발달하고 의사소통에 관한 다양한 교육이 이루어지고 있지만 사람들은 여전히 서로 마주 보고 대화하고 의사소통 하는 데 어려움을 겪고 있다는 점이다.

복잡하고 바쁜 일상을 보내는 현대인들은 의사소통이 중요하다는 것을 알면서도 실제로는 상대의 말을 제대로 이해하기 위해 귀를 기울이는 사람을 찾아보기 힘들다. 대화하는 상대방에게 눈만 고정시킨 채 이런저런 다른 생각을 하거나 상대방이 말을 하는 동안 자신이 다음에 할 말을 생각하기에 바빠서 그 사람이 말하는 것을 제대로 듣지 못하는 경우도 많다. 상대방의 주장에 대해 자신이 갖고 있는 시각으로 재단하고 판단한 후에 상대방이 하는 말을 건성으로 받아넘기는 경우 또한 일상화되다 보니 서

로 다른 관점에서 사안을 바라보고 주장의 대립으로 갈등을 겪는다.

직장에서도 신세대 직장인과 기성세대의 직장인들 간의 관계에서나, 또래의 직장인 사이에서 의사소통의 오류로 인해 겪는 어려움이 빈번하게 발생한다. 이러한 어려움은 직장 내 괴롭힘으로 발전하고 중대한 갈등으로 비화 되어 직장생활을 심각하게 위협하고 있다. 최근 언론에 보도된 다수의 실태조사결과에서 볼 수 있듯이 3명 중 1명이 직장 내 괴롭힘을 경험하였다고 하니 그 심각성을 가히 짐작할 만하다.

상사와 부하 또는 동료 간의 의사소통 오류로 직장 내 괴롭힘의 문제가 발생하기도 하지만 노사 간의 교섭과정이나 전환배치, 승진, 징계 등 회사의 인사처분 등으로 일어나는 많은 갈등에 있어서 의사소통이 잘되지 않아 일어나는 사례가 대다수를 차지하고 있다. 또 일어난 갈등을 적절한 갈등관리체계로 원만하게 해결하면 그나마 다행이겠으나 상당수의 경우, 해고 등으로 갈등이 증폭되어 개별 또는 집단 노동분쟁으로 비화되기도 한다. 이 같은 분쟁은 분쟁해결기관을 통한 지난한 절차를 거치게 되면서 경제적 비용과 대가를 치르는 한편으로 분쟁당사자 간 관계의 질을 떨어뜨리는 역할을 하게 된다.

이와 같이 의사소통의 왜곡이나 오류에서 비롯되는 문제들은 분쟁을 야기할 뿐만 아니라 분쟁해결에도 많은 어려움을 가져온다. 의사소통이 잘 되지 않아서 감정대립으로 나아간 분쟁은 오랜 시간 동안 당사자들을 힘들게 한다. 중앙노동위원회가 발표한 『ADR전문가 양성 수요와 기대효과』(2023.6)에서 발견한 사실은 노동분쟁을 해결하는 데 가장 큰 애로사항으로 "감정대립"이 45%를 차지하고 있을 만큼 당사자 간의 상처 난 감정을 의사소통으로 풀지 못해 분쟁해결이 어렵다는 것이다.

2. 의사소통이 중요한 이유

(1) 누구나 의사소통을 한다.

모든 사람은 관계 속에서 살아간다. 관계 속에서 살아가는 한 그 어떤 사람도 자신을 표현하지 않고는 살아갈 수 없다. 대화는 언어적 표현으로만 이루어지는 것은 아니다. 얼굴표정, 몸짓, 자세, 눈 맞춤, 방해하고 간섭하는 행위, 풀이 죽어 있음, 지나치게 잦은 지각이나 결근, 마지못해 하는 행위, 폭력적 행동, 폭음 등 이 모두가 어떤 의사를 전달하고자 하는 시도이다. 말을 안 하고 침묵하는 것 역시 "대화하기 싫다."는 메시지를 전달

하는 행위이기 때문에 그것 또한 의사소통이다. 화해·조정의 과정에서 화해·조정인은 당사자들과 주고받는 언어적 메시지뿐만 아니라 비언어적 메시지에도 민감하게 반응하고 들어야 한다. 고개의 끄덕임, 부정하는 태도, 한숨짓는 모습, 아무런 반응을 보이지 않고 침묵하는 모습, 작은 미소, 허탈한 웃음, 흘리는 눈물, 저항하는 자세, 불안해하는 모습, 물러섬 등 당사자들이 보내는 신호 이면에 있는 의미를 들어가면서 대화를 풀어나가야 한다.

(2) 모든 대화는 관계를 형성한다.

어떤 말이든 말은 소리로 그치지 않고 반드시 관계를 형성한다. 화해·조정의 과정에서 화해·조정인의 보이지 않는 말 한마디가 당사자들에게 영향력을 끼치고 어떠한 모습으로든 두 사람 사이의 관계를 형성한다. 당사자들과의 만남에서 건강한 대화는 건강한 관계를 형성하고, 불편한 대화는 불편한 관계를 동반한다. 말은 인간이 가진 가장 큰 관계의 능력이어서 대화의 문을 여는 열쇠로도 쓰일 수 있고, 관계를 파괴하는 도구가 될 수도 있다. 대화하는 것 자체가 위험을 동반할 수 있기에 화해·조정인이라면 누구나 건강하고 올바른 대화를 위한 방법과 기술을 배워야 한다.

(3) 말은 현실을 만들어내고, 삶의 모습을 구성한다.

"말이 씨가 된다."는 속담이 있듯이 부모의 말 한마디가 자녀의 일생을 좌우할 수도 있고, 교사의 말 한마디가 학생의 미래를 좌우할 수도 있다. 리더의 태도와 행동이 집단의 성과뿐만 아니라 집단 구성원들의 태도와 행동에도 큰 영향을 준다. 이처럼 말은 환경이 되고 현실을 빚어낸다. 말은 사람을 죽이기도 하고 살리기도 한다. 우리가 어떤 언어로 자신의 이야기를 말하는 가에 따라 우리의 삶이 구성된다. 화해·조정의 과정에서 자

첫 일어날 수 있는 방어적 태도나 자의식(ego)을 내려놓고 부드럽게 집중하면서 진심으로 당사자들에게 다가가려는 자세가 필요하다.

(4) 말은 그 사람의 인격의 수준을 말해준다.

말은 입으로부터 나오는 것이 아니라 마음으로부터 나온다. 마음에 쌓인 선한 것에서 선한 말이 나오고 악한 것에서 악한 말이 나온다. 긍정적인 생각이 긍정적인 말을 만들고 부정적인 생각이 부정적인 말을 만든다. 그래서 말은 곧 그 사람의 인격의 유형을 드러내 준다. 말로써 그 사람을 알게 되고, 한 사람의 의사소통의 수준은 그 사람의 인격의 수준을 말해준다. 말 한 마디 한 마디 당사자들과의 대화가 화해·조정의 성패를 가른다할 만큼 대화의 방식, 태도, 언어의 선택이 중요하다. 화해·조정의 현장에서 감정이 격앙된 당사자들로부터 분쟁의 상대방을 비난하거나 분노의 감정을 표출하는 경우를 마주하면서 당혹스러울 때가 있다. 이럴 때 바로 상대방의 말을 부정하거나 잘못된 점을 지적하는 것은 효과적이지 않다. 자신의 말이 수용되지 않는다고 받아들인 상대로 하여금 방어심리와 저항감을 불러일으킬 수 있어 자칫 문제해결을 방해하는 요소로 작용할 수가 있기 때문이다. 즉각적인 감정의 반응을 통해 나타날 수 있는 부정적인 표현보다는 자기관리를 통해 감정이 절제된 상태에서 오히려 부드러운 태도와 존중하는 마음으로 경청을 해주는 것이 문제해결 뿐만 아니라 당사자와의 신뢰구축에도 효과적이다.

(5) 자존감의 수준에 따라 대화방식도 달라야 한다.

의사소통과 자존감 사이에는 밀접한 관계가 있다. 일치적이고 적절한 의사소통 방식을 제대로 익힌 사람들은 자존감이 높은 사람으로 좋은 인간관계를 형성하고 상대방의 자존감까지도 높여줄 수 있다. 자존감이 높은 사람은 자기에 대한 인식이 분명하고, 자신을 긍정적으로 평가하며, 내적 일관성으로 인해 외부환경이나 평가에 크게 흔들리지 않는다. 문제의 원인과 결과, 과정에 대해서도 책임을 지기 때문에 자율적일 수 있고 자신의 삶에 당당할 수 있다. 그러나 자존감이 낮은 사람은 자기를 솔직하게 들어내기를 두려워하고, 외부 환경의 변화에 민감하고 쉽게 좌절하기도 한다. 이들은 다른 사람을 용서하기 힘들어하고, 자기 자신과 타인에 대해 비판적이고 현실을 도피하려는 경향이 있다. 내면의 평정을 유지하기 위해 누군가에게 의지하며, 상황 또는 사람을 통제하려 한다. 자존감이 높은 사람은 변화에 대한 적응력이 빠르고 유연하다. 반면에, 자존감이 낮은 사람은 우유부단한 모습을 보이며 선택을 잘 하지 못하는 경향이 있다.

화해·조정의 과정에서 자존감이 낮은 사람과 자존감이 높은 사람에게 대응하는 대화의 방식도 달라져야 한다. 자존감이 높은 사람은 자신이 어떤 감정을 느끼는지, 자신의 기대가 무엇인지 편안하게 자신의 내면을 표현할 수 있는 반면에, 자존감이 낮은 사람은 말할 때나 들을 때 자기중심적이며 부정적으로 해석하려는 경향이 있음에 주의해야 한다. 따라서 자존감이 낮은 사람에게는 많은 시간을 사용해서라도 공감해주고 또 공감해주면서 상대방의 마음의 문을 충분히 열어준 다음에 사건의 실체적인 문제로 들어가는 것이 바람직할 수 있다.

II. 의사소통을 방해하는 요소

1. 역기능적 의사소통

(1) 자동반사적이고 감정적인 상호작용

상대방이 말할 때 그 의도를 헤아려가며 잘 들으려 하지 않고, 감정적으로 빈응하는 것이다. 자신을 방어하기에 급급하여 상대방을 부시고 비난하며 오로지 자기 자신이 처한 상황에만 집중한다. 상대방의 표정, 어투에 사로잡혀 자동반사적으로 반응하기도 한다. 상대방에 대해 존중하거나 배려하는 모습은 전혀 없고, 상대방이 말하고자 하는 것을 정확히 이해해 보려는 기본적인 노력도 찾아볼 수 없다. 오직 상대방의 이야기를 자기 나름대로 해석하고 판단하여 감정적으로 대응할 뿐이다. 이것은 모든 대인관계에 있어 오해와 다툼의 원인이 되며 대인관계를 가로막는 가장 큰 걸림돌이다. 화해 · 조정의 과정에서 감정이 악화된 당사자들로부터 쉽게 볼 수 있는 모습이다.

(2) 솔직하지 않은 의사소통

여러 사람들과 함께 일할 때 온갖 종류의 감정이 생기는 것은 어쩔 수 없다. 초조, 분노, 실망, 미움, 의기소침 등 마음에 있는 부정적인 감정을 그때그때 솔직하게 표현하여 해소하지 않고 쌓아두었다가 결국엔 파괴적인 행동으로 표현한다. 즉 입으로는 부정적인 감정을 말하지 않고 있다가 무언가 마음에 들지 않고 잘못되어 가고 있다는 것을 나중에 가서야 몸으로 강하게 표출하게 된다. 문제는 오랜 기간의 억압에 익숙해져 자신도 왜 그런 결과가 되었는지 모르는 경우가 많으며, 다른 사람들은 더더욱 그 이유를 알 수 없다. 부정적인 감정을 경험하는 것이 해로운 것은 아니지만 이들을 억압하는 것은 해롭다. 감정은 문제가 있다는 것을 알리는 신호이므로 감정의 표현은 환영받을 일임에도 사람들은 부정적인 감정은 나쁘고 위험한 것, 좋은 인간관계의 적이라는 생각에 익숙해져 있다. 억압받은 감정은 주의를 산만하게 하여 효과적인 업무 생산성을 저하시킨다. 갈등상황은 여전히 해결되지 않고 점점 더 심화되면서 결국 자기 자신은 물론 다른 사람까지 힘들어지게 된다. 솔직하지 않은 의사소통은 관계를 악화시킬 뿐이다. 건강하고 친밀한 관계를 맺으려면 일상적인 대화에서부터 중요한 이야기까지 자신의 생각과 감정을 솔직하게 전달하는 것이 좋다.

(3) 언어적 메시지와 비언어적 메시지의 불일치

언어적 메시지와 비언어적 메시지가 다르다. 즉 입으로 하는 말과 얼굴에 보이는 표정이나 행동이 다르게 나타난다. 이럴 경우 대개 비언어적 메시지가 언어적 메시지보다 더 정직하다 할 수 있다. 말은 거짓으로 꾸며낼수 있어도 신체적 표현은 걸러지지 않고 드러나기 때문이다. 그럼에도 불구하고, 입으로는 다른 말을 하고 있기 때문에, 주변 사람들은 그 사람이나 현 상황을 이해하는데 혼란을 겪게 된다. 예를 들어 직장 동료나 상사가 말로는 "편하게 말하라"고 하면서 눈도 마주치지 않고 건성으로 듣는다거나 창의적인 아이디어를 요구하면서 정작 아이디어를 내면 무시하는 듯 관심 있게 듣지 않는 태도를 취하는 행동 등을 말한다. 이렇게 메시지를 일관되게 전달하지 않는 이중구속 또는 이중메시지를 겪는 사람들은 눈치를 보게 되고 어떤 선택을 해도 불안한 상황에 처하게 되어 이러지도 저러지도 못하는 혼란스러움과 무능력의 느낌을 갖게 된다. 상대방의 말에서 언어적 메시지와 비언어적 메시지가 일치하지 않는다면 무엇이 맞는지 확인할 필요가 있다. 이렇게 하면 상대방도 좀 더 정확하게 자기표현을 할 수 있고, 갈등도 줄어들 수 있다.

(4) 불분명한 의사소통

자신이 느끼는 감정이나 자신이 원하는 것에 대하여 제대로 표현하지도 않으면서, 상대방이 스스로 알아서 해주지 않음을 야속해한다. 자신의 불행이 상대방의 탓이라는 태도를 보이면서 어떻게 하면 자신이 행복해질 수 있는지에 대해 노력해야 할 책임을 모두 상대방에게 떠넘기는 것이다. 이는 자기주장을 하지 못하고 수동공격석인 사람들이 자주 사용하는 의사소통 방식이다. 말을 꺼내놓고는 분명한 정보도 없이 흐지부지 얼버무려 놓고는 자기는 의사전달을 충분히 했다 생각하고 상대방이 알아서 해주기를 기대한다. 상대방은 속을 알 수 없어 눈치를 보게 되고, 매우 부담스러운 관계가 되어 정서적 단절에 이르게 된다. 화해·조정의 과정에서 감정이 악화된 당사자들로부터 흔히 듣게 되는 이야기이다. 말을 할 때에는 자신의 의사를 구체적이고 명확하게 표현해야 상대방도 잘 알아들을 수 있다. 듣는 사람 또한 상대방의 말에 공감과 경청을 하면서 잘 들어야 한다. 의사소통의 기본규칙은 정확하게 말하고 정확하게 듣는 것이다.

(5) 제3자를 통한 간접적인 의사소통

자신의 생각을 상대방에게 직접 이야기하고 그것에 대한 정확한 피드백을 받는 대신에 제3자를 통해 전달함으로써 모호한 상황을 초래한다. 상대방과 사이가 나쁠 때 힘의 균형을 맞추려는 의도에서 타인이 간접적인 의사소통의 도구로 희생되는 경우가 있다. 또는 자신의 힘만으로는 상대방을 통제할 수 없다고 느낄 때 다른 사람의 힘을 빌리는 수단으로 간접적인 의사소통방식이 사용되기도 한다. 이는 자신은 위험한 관계에 직접 휘말려들지 않으려는 의도에서 나오는 것이며, 때로 오해를 불러 일으켜 사람들 간의 관계를 이간시키는 결과가 초래될 수 있다. 조직의 신뢰체계를 망가뜨리는 요인으로 작용할 수 있기에 각별한 주의가 필요하다. 인간관계를 개선하기 위해서는 간접적인 의사소통이나 문제를 피하는 것보다 상대와 직면하여 열린 마음으로 소통하고 균형을 이루는 것이 바람직하다.

(6) 왜 건강하지 못한 방식으로 의사소통을 하게 되었을까?

의사소통이 잘 안 되는 것은 명확하게 말하고 정확하게 듣지 못하기 때문이기도 하지만, 위험한 관계에 빠져들 것이 두려워서 피하려하기 때문이다. 반대에 부딪치거나 시끄러워질까봐 등의 이유로 대화의 위험을 감수할 용기가 나지 않는 것이다. 어렸을 때 자기가 관찰하고, 원하는 것을 정직하게 표현했다가 야단을 맞았거나 무시당했을 경우에 성장해서도 자기내면을 정직하게 표현하지 못하는 경우가 있고, 자존감이 낮을수록 자신의 의사를 정확하게 표현하지 못하기도 한다. 자존감이 낮은 사람은 부정적인 영향을 받을 때 내면의 중심이 흔들리면서 불안해지는 자신을 보호하기 위한 대처방식으로 비일치적인 대처방식을 사용한다. 이처럼 효과적인 의사소통 방식에 대해서는 제대로 배워보지 못한 채 잘못된 의사소통 방식을 자라면서 보고 들은 대로 그대로 배워서 사용하고 있는 것이다. 그러나 건강하고 친밀한 관계를 맺으려면 말하기와 듣기의 기본을 잘 지키고, 나와 상대방, 상황이 조화를 이루는 새로운 의사소통의 방식을 배우려는 용기와 노력이 필요하다.

2. 의사소통을 방해하는 경청의 걸림돌

성공적인 의사소통으로 친밀한 관계를 형성하고 성취감을 경험하는 사람들보다는 오히려 의사소통의 실패로 힘들어하고 고통을 받고 있는 사람들이 더 많은 이유는 무엇일까? 의사소통 실패의 가장 큰 원인은 상대방의 말은 잘 듣지 않고 자기 말만 너무 많이 하려는 데 있다. 나의 말은 최소한으로 줄이고 상대방의 말을 더 많이 듣기 시작해야 한다. 사람들은 다른 사람의 말을 잘 듣고 있는 줄 착각하지만, 사실은 소극적인 태도로 건성으로 흘려듣고 있거나, 듣는 척 하고 있는 경우가 많다. 효과적인 의사소통을 통해 인간관계를 개선하기 위해서는 이제 새로운 방식의 '적극적 경청'을 시작해야 한다.

다른 사람의 말을 집중해서 정확하게 잘 듣기 위해서는 내 입장에서 벗어나 상대방의 입장을 이해하려는 진심어린 마음을 가져야 한다. 타인에 대한 경청은 단지 귀로 하는 것이 아니라, 그를 수용하려는 마음과 존중하려는 의지로 하는 것이다. 경청만 잘해도 이미 의사소통의 70%는 성공한 것이라 하지만 제대로 듣는 것은 매우 힘든 일이다. 경청을 방해하는 걸림돌들이 자신도 모르는 사이에 자꾸 끼어들기 때문이다. 다음은 경청을 방해하는 대표적인 걸림돌들이다. 자신이 주로 사용하는 특정한 걸림돌은 무엇일까? 하나둘 헤아려 보자.

(1) 추측하여 넘겨짚기

상대방의 말을 있는 그대로 받아들이지 않고 자신의 추측에 들어맞는 단서들을 찾아내서 그것을 근거로 자신의 생각이 맞았다고 확인하는 것이다. 이렇게 짐작하고 넘겨짚는 사람들은 비언어적인 자료, 즉 상대방의 억양이나 얼굴표정, 자세 등에서도 단서를 잡아 자신의 생각을 더욱 확고히 하는 증거로 사용한다. 대화의 과정에서 상대방이 불편한 모습을 보이기라도 하면 자신을 싫어하는 것으로 단정 지어 마음의 문을 닫아버리기도 한다. 상대방이 무슨 말을 하던지 이미 자신의 생각을 확고하게 가지고 있기 때문에 전체적인 맥락 속에서 상대방의 말을 이해하려 하기 보다는 말꼬리를 물고 늘어지거나 자기의 해석대로 단정하기 때문에 말하는 사람은 더 이상 대화를 진행할 수 없게 된다.

(2) 대답할 말 준비하기

상대방이 말을 하는 동안 자신이 다음에 할 말에만 몰두하다가 정작 상대방이 말하고자 하는 핵심을 듣지 못하게 된다. 많은 경우 상대방의 말을 비판하거나 자신을 방어하기 위해서 상대방의 말을 듣기도 전에 대답할 말을 준비하려한다. 특히 자기주장이 강한 사람들은 자신의 뜻을 관철시키고자 하는 욕구 때문에 자신이 할 말에만 몰두하기 쉽다. 그래서 상대방의 말이 끝나자마자 자기주장을 쏟아 내거나 상대방의 말을 중간에 끊으면서 자기 이야기를 하려고 한다. 조정이나 협상의 과정에서 흔히 볼 수 있는 모습이다.

(3) 건성으로 듣기

말을 듣기는 하지만 온전하게 듣지 않고 자신이 듣고 싶지 않은 말에 대해서는 귀를 막아버리고 듣고 싶은 것만 선택적으로 골라서 듣는 것이다. 상대방이 분노나 슬픔, 불안에 대해 말하는 것을 들어도 그러한 감정을 인정하고 싶지 않거나 다룰 수 없을 때 자기도 모르는 사이에 그 사람의 말을 간과하거나 회피해 버린다. 충고를 한다거나 다른 이야기로 슬쩍 말머리를 돌림으로써 말하는 사람은 이해받고 지지받는다는 느낌을 갖지 못하게 된다.

(4) 판단하기

상대방에 대한 부정적인 선입견 때문에, 비판하기 위해 말을 듣지 않는 것을 말한다. 상대방이 성실하지 않고 고집이 세며 이기적이라고 판단하고 있다면 그의 말이 옳아도 귀를 기울이지 않을 것이다. 설사 듣는다고 해도 상대방을 비난하거나 자기 생각대로 옳지 않다는 것을 증명하는 근거를 찾기에 애를 쓰게 된다. 화해·조정의 과정에서 화해·조정인이 특히 경계해야 할 대표적인 걸림돌이다.

(5) 딴 생각하기

딴 생각하기는 상대방의 말을 직면하기 싫을 때 다른 생각을 함으로써 그 상황을 회피하려는 것이다. 가까운 관계일수록 상대의 이야기를 들으면서 딴 생각하기가 쉽다. 상대방에 대한 불만이 쌓일 경우 그의 말에 귀기울이는 것이 점점 힘들어지고 그가 말하는 동안 딴 생각을 하거나 아예 마음의 문을 닫아버린다. 대화의 과정에서 자꾸 딴 생각을 한다면, 이는 현실에 대한 불만 때문에 혹은 상대방에 대한 불만 때문에 그 상황을 회피하고 있다는 위험신호일 수 있다.

(6) 조언하기

조언하기는 다른 사람의 문제를 해결해 주고자 하는 욕구가 강한 사람들이 자주 사용하는 걸림돌이다. 옳은 해결책을 찾고 모든 것을 제대로 고치려는 욕구 때문에 말끝마다 조언하는 사람 앞에서는 어느 누구도 마음을 털어놓고 편하게 이야기 할 수 없게 된다. 상대는 충고가 필요한 것이 아니고, 잠시 자신의 우울한 기분상태를 허용해주기를 바랄 뿐이다. 이야기를 잘 들어주기만 해도 스스로 자신의 입장을 정리할 수 있고, 그 사이에 해결책은 저절로 떠오르게 된다. 매번 충고하려들면 상대방은 자신의 문제를 더 크게 느끼게 되고, 다른 사람의 편이라 느끼며 마음의 문을 닫아 버린다. 화해회의를 진행하면서 당사자의 말을 잘 들어주었을 뿐인데도 감사해하면서 스스로 결정하는 경우를 여러 차례 경험하였다.

(7) 말다툼하기

상대방의 말을 반박하고 논쟁하는 데 집중되어 상대의 이야기에 귀를 기울이지 않는 것이다. 상대는 그저 자신의 생각을 말했을 뿐인데 그에 대한 자신의 입장을 내세우고, 그가 틀렸다고 비난하며 싸우려 든다. 상대방의 감정이나 의견에는 전혀 관심이 없기 때문에 어떤 이야기를 해도 듣지 않는다. 언쟁은 문제가 있는 관계의 전형적인 의사소통 방법이다. 다른 사람이 설명하는 것을 무시하고 그의 생각과는 전혀 다른 자신의 생각을 장황스럽게 늘어놓는다. 지나치게 논쟁적이고 옳고 그름을 따지는 사람들이 이 걸림돌을 자주 사용한다.

(8) 옳아야만 하기

자신의 잘못을 받아들이려 하지 않고 잘못된 자존심을 내세우며 '자기가 옳다고 고집을 피우는 것'이다. 상대의 말을 자신이 잘못했다는 말로 알아듣고 방어하기 위해 거짓말을 하고, 고함을 지르고, 주제를 바꾸고, 변명을 하면서 자신을 방어하려고 한다. 혹은 끝까지 따지거나 자기의 말을 뒤집거나, 상대의 말꼬리를 잡아 물고 늘어져서라도 자기가 옳다는 입장을 고수하려 한다. 상대방은 언제나 져야만 하는 대화를 하고 싶어 하지 않는다.

(9) 은근슬쩍 넘어가기

상대방의 이야기가 마음에 들지 않거나 위협적으로 느껴질 때 주제를 바꾸거나 농담으로 웃어넘기려한다. 문제의 핵심을 피하기 위해 혹은 부정적 감정을 피하기 위해서 유머를 사용하기도 한다. 초점을 잘못 맞추므로 상대방의 진정한 고민을 들을 수 없게 되고, 진지하지 못한 사람으로 인식되기 쉽다. 말을 꺼낸 사람은 무시당하거나 조롱당했다고 여기게 되어 깊은 정서적 단절감을 느낄 수밖에 없다.

(10) 비위 맞추기

상대방을 위로하거나 비위를 맞추기 위해서 또는 상대방의 고통을 직면하기가 두려워서 너무 빨리 동조하는 것을 말한다. 지지하고 동의하는데 너무 치중해서 상대방에게 자신의 생각이나 감정을 충분히 표현할 시간을 주지 않게 되면 상대방은 진심으로 자신을 지지하고 위로하는 것인지 의심하게 되어 마음의 문을 닫아버리게 된다. 비위 맞추기 걸림돌을 사용하다보면 상대방의 이야기를 충분히 진지하게 듣고 반응할 수 없게 된다.

(11) 내 말만 하기

상대방이 이야기를 꺼내자마자 자신이 비슷하게 겪은 상황에 초점을 맞춰서 자기 이야기를 꺼내는 것이다. 자기 이야기하기에 바빠서 정작 상대방이 이야기 하려던 것을 놓치게 된다. 이야기를 들어주었으면 하고 바라던 상대방은 신이 나서 자기 이야기만 하는 사람 앞에서 입을 다물어 버리게 된다.

⑿ 비교하기

　전하고자 하는 메시지와는 상관없이 상대방보다 자신이 더 낫다는 확신을 얻기 위해 또는 자신이 부족하지 않다는 것을 확인하기 위해 비교를 한다. 대화의 과정에서도 자신이 더 잘 났는지, 더 많은 것을 소유하였는지, 더 성공하였는지 등을 끊임없이 비교하면서 안심하거나 좌절을 한다. 눈으로는 이야기하는 상대방을 쳐다보고 있지만 마음속으로는 상대와 비교하느라 많은 생각으로 복잡해져서 진정한 경청을 할 수 없게 된다.

III. 의사소통의 기본 기술

1. 듣기 기술

상대방이 감정적으로 편안하지 못할 때 내가 사용해야 하는 의사소통의 방식은 경청의 기술이다. 이들 경청의 기술들은 상대방이 자신의 문제를 꺼낼 수 있도록 도와준다. 사람들은 누군가 자신의 말을 잘 들어준다고 느낄 때 상호작용이 활발해진다. 단, 듣는 것이 상대방의 말에 동의를 한다는 의미는 아니며 감정적으로 접근한다는 것을 뜻한다.

화해·조정의 과정에서 당사자들의 말을 잘 들어주다보면 이유서나 답변서, 조사보고서에서 볼 수 없었던 새로운 정보를 얻을 수도 있고, 상대방이 처한 상황이나 생각을 잘 읽을 수 있다. 상대방의 이야기를 잘 들어줌으로써 얻을 수 있는 유익이 많음에도 화해나 조정회의를 진행하는 입장에서 자칫 결과에 집착하다보면 상대방이 받아들일 마음의 준비가 되어 있지 않음에도 충고, 캐묻기, 판단, 설득, 성급한 해결책 제시 등 대화를 방해하는 걸림돌을 사용하기가 쉽다. 이러한 걸림돌은 상대방의 말을 수용하지 않는다는 의미를 전달하는 수단으로 작용하게 되어 당사자들로 하여금 방어심리와 저항감을 불러일으킬 수 있어 자칫 문제해결을 방해하는 요소로 작용할 수 가 있다.

리더십의 대가 워렌 베니스도 "리더십의 기본은 타인의 마음과 틀을 변화시키는 능력이다. 이것이 쉬운 일은 아니지만 타인의 말에 귀 기울이는 것만이 그들을 변화시킬 수 있는 유일한 방법이다."라고 할 만큼 화해·조정의 과정에서 경청은 중요하다. 잘 들어준다는 것은 상대방을 존중하는 것으로서 화해·조정인의 관심과 욕구의 편견을 한 쪽으로 밀어놓고, 당사

자들을 진정으로 이해하고 공감하겠다는 의지의 표현이다. 상대방이 이야기 할 때 그의 입장이 되어서 헤아리고 그 느낌을 잘 반영해 줌으로써 상대방으로 하여금 이해받고 있다는 느낌을 줄 수 있다면 의사소통의 상당부분은 성공한 것이다.

얼핏 어떤 말로 당사자들을 잘 설득할 수 있을까가 화해·조정의 성공에 미치는 영향이 크다고 생각할 수 있지만, 실제 화해·조정의 경험을 통해 발견한 사실은 잘 말하는 것보다 잘 들어주는 것이 선행되어야 하고 효과적이라는 것이다. 화해·조정인은 문제해결의 선택과 책임이 언제나 사건 당사자의 몫이라는 사실 또한 잊지 말아야 공정한 화해·조정인으로서의 역할을 수행할 수 있다.

(1) 수용적 자세로 주의를 집중하고 인정하는 반응하기

먼저 말하는 사람으로 하여금 신체적·정신적으로 함께 있다는 느낌이 들도록 대화의 환경을 조성해주고 관심이 있다는 것을 보여주는 신체적 자세를 취한다. 상대의 얼굴을 마주보고 눈을 적절히 맞추면서 들어야 한다. 그러나 상대방의 눈을 뚫어지게 바라보면 위협감을 느끼거나 불편해 할 수 있다. 심리적 갈등이 크거나 자신감이 부족한 사람들은 대화하는 도

중에 상대와 눈을 안 맞추려는 경향이 있다. 이런 사람들과는 좀 더 신경을 써서 부드럽게 눈을 맞추는 것이 필요하다. 그리고 상대방의 이야기에 머리를 가볍게 끄덕이거나 '음, 아, 네' 등의 의성어를 적절히 넣으면서 알았다고 인정해 주는 반응을 한다.

(2) 열린 마음

상대방의 말을 듣기도 전에 마음을 닫아놓고 듣는 척 할 때가 있다. 특히 듣기 싫어하는 말을 상대방이 할 때 더욱 그렇다. 그러나 나를 지지해 주는 말보다 나를 비판하는 말이 더 유익할 수 있다는 말을 깊이 새기고 비판적인 말에도 마음을 열고 받아들이는 열린 태도를 취해야 한다. 그럴 때 상대도 덜 비판적이고 덜 공격적이 된다. 화해·조정의 과정에서 부정적인 선입견을 가지고 당사자를 만나게 되면 상대방의 말을 경청하기가 쉽지 않음에 특히 유의해야 한다.

(3) 내면 자각하기

우리는 이미 우리의 지각체계, 즉 가치관, 사고방식, 신념 등을 가지고 상대방을 만나게 되지만 이러한 지각체계는 다분히 주관적일 수밖에 없다. 또 우리는 상대방에 대해 어떤 감정을 느끼면서 대화하기 때문에 현재 내 감정 상태는 대화에 영향을 미칠 수밖에 없다. 따라서 대화하는 동안 자신의 감정을 포함한 내면을 자각하는 것이 매우 중요하다. 한 걸음 더 나아가 자신의 내면의 중심이 흔들리지 않도록 평소 몸과 마음의 최적화를 위한 자기관리가 필요하다.

(4) 정확히 듣고, 간결하게 바꾸어 말하기

다른 사람의 말을 정확하게 듣는다는 것은 쉽지 않다. 다른 생각을 하고 있거나, 잘 듣지 못했는데도 확인하지 않고 넘어가거나, 들을 것을 이미 정해놓고 듣고 싶은 것만 듣기 때문이다. 정확한 의사소통을 위해서는 내가 들은 것이 정확한지 확인하는 과정이 필요하다. 특히 갈등이 있거나 협상의 과정에서는 더욱 그렇다. 화해·조정의 과정에서도 유용하게 활용할 수 있는 기법이다. 상대방이 말할 때 그것을 해석하려 들지 말고 그 말을 그대로 받아서 자신의 말로 다시 한 번 말해준다. 이를 통해 경청의 걸림돌에 걸리지 않게 되고 상대방은 인정받는 느낌을 받게 되어 대화가 의미 있고 진지하게 진행될 수 있다.

(5) 개방적인 질문을 통해 명료화하기

들은 내용이 맞는지 확인해 보는 단계이며, 상대방이 제공한 정보가 미흡하다고 생각될 때 열린 질문을 통해 다시 한 번 설명할 기회를 제공하는 것이다. 좀 더 잘 듣기 위해서 질문을 할 때에는 육하원칙에 입각하여 사실에 대해 질문하는 것이 좋다. 질문의 목적이 상대방을 진심으로 이해하고 존중하며 함께하고자 하는데 있다는 태도를 보이는 것이 중요하다. 상대방의 말을 미심쩍어 하면서 확인하거나 자신의 관점을 내세우면서 조종하기 위해서 질문을 한다면 결코 좋은 결과를 기대할 수 없다.

⑹ 긍정적이고 공감적으로 반영하기

전달되는 정보의 내용을 파악하는 것에서 한 걸음 더 나아가 상대방의 입장이 되어 그의 감정과 욕구를 이해하는 것이다. 적극적 경청은 언어적 메시지뿐만 아니라 내면에 숨겨져 있는 감정에도 반응하는 것이기 때문에 매우 효과적이다. 이 경청 방법은 상대의 이야기를 평가하거나 비판하지 않고, 해석이나 질문도 하지 않고, 위로하거나 조언·설교도 하지 않고 칭찬이나 동정도 하지 않는다. 어떤 내용이든 그러한 기분을 가지고 있는 상대방을 있는 그대로 인정하고 받아들이고 있다는 것을 상대에게 전달하게 된다. 적극적 경청을 할 때 가장 민감하게 파악해야 할 것은 말하는 사람이 어떤 감정을 전달하고자 하는가이다. 감정을 이해받기 시작 할 때 사람들은 자신의 깊은 내면을 열어서 보여주게 된다. 화해·조정의 과정에서 당사자들은 화해·조정인이 자신을 향해 몸을 기울이고, 자신의 말 한마디 한마디에 관심을 갖고, 적극적으로 공감해주고, 자신과 온전히 함께 하고 있음을 느낄 때 이해되고 인정받는다는 느낌을 갖는다. 또한 화해·조정인이 진정으로 자기의 말을 경청하고 있다는 것을 알게 되면 마음을 열고, 확장하고 더 큰 존재감을 갖는다. 안전하고 안정된 느낌 또한 갖게 되어 상호간의 신뢰는 증가한다.

2. 말하기 기술

자신에 대해 말할 때에는 상대방과의 관계를 고려하면서 상황에 맞게 표현하되 정직해야 하고 말하는 내용이 자신의 내면과 일치해야 한다. 일치적 의사소통을 하려면 상대방에 대한 인정과 존중, 열린 마음, 따뜻한 공감 등의 요소들이 있어야 한다. 상대방에게 비난받는 느낌을 주지 않기 위해서 너-메시지를 피하고 나-메시지를 사용한다. '당신'이 주어가 되는 너-메시지는 판단 받는 느낌을 주게 되므로 반격이나 방어의 표적이 되기 쉽다. 나-메시지는 상대방의 감정을 상하지 않게 배려하면서 내가 이야기 하고자 하는 바를 전달하는 기술이다. 너-메시지는 문제해결에는 도움이 되지 않고 오히려 서로간의 감정만 상하게 되어 문제를 악화시키는 경우 가 많다. 따라서 이러한 문제를 해결하기 위해서는 상대방을 전혀 비난하 지 않는 나-메시지를 사용하는 것이 좋다.

내 마음이 불편한 것이 상대방의 행동에 기인한 것이라면 상대방의 행동 변화를 통해 나 자신의 욕구도 충족시켜야 하기 때문에 그와 직면하지 않으면 안 된다. 이때, 문제 해결의 메시지나 상대방을 비난하는 내용의 메시지를 보내기 쉽다.

예) ① 당신 주장만 말하지 말고 상대방도 말을 좀 하게 해요. (지시, 명령)

② 상대방이 말하는 것을 끝까지 들어주는 것은 기본적인 예의지요. (훈계)

③ 다음에는 상대방이 말을 끝마칠 때까지 기다려주면 좋겠어요. (충고)

이런 종류의 메시지를 너-메시지라고 한다. 너-메시지는 인간관계를 손상시킬 수 있는 위험성이 높을 뿐만 아니라 상대방의 변화를 이끌어내 기도 쉽지 않다.

어떻게 하면 그 사람의 체면을 손상시키지 않으면서, 그리고 나에 대해 불쾌한 느낌을 갖게 하지 않으면서 그 사람을 변화시킬 수 있을까? 이 경우 직면적 나-메시지로 전하는 것이 좋다. "다른 사람이 발언하는 중에 끼어들면 발언하던 사람의 논지를 제대로 파악할 수 없고 회의시간이 마냥 지연될까봐 걱정이 되는 군요" 이와 같이 수용할 수 없는 상대방의 행동, 그 행동이 나에게 미치는 분명하고 구체적인 영향, 나의 솔직한 감정…. 이 세 가지 요소로 구성해서 전달하면 효과적인 나-메시지가 된다.

나-메시지는 나에 대한 정보를 명확하게 그리고 솔직하게 전한다. 마음 속에 있는 감정을 드러내려면 용기와 자신감이 필요하다. 솔직한 나-메시지를 전하는 사람은 상대방에게 자신을 있는 그대로 드러낼 용기 있는 사람이다. 객관적 사실에 근거해서 비난 하는듯한 말은 최소한으로 하고 있으므로 상대와의 관계를 손상시킬 위험도 적다. 나는 자신의 내부세계에 책임을 가지고 상대에게 그것을 열어 보인다. 상대방의 행동은 상대방에게 책임을 지게 한다. 행동을 바꿀 것인가 바꾸지 않을 것인가는 상대방에게 맡기면 된다. 나-메시지는 상대방이 자율적인 행동을 하도록 도와준다.

나-메시지는 상대방의 행동을 수용할 수 없는 경우뿐만 아니라 상대방의 행동을 수용할 수 있는 경우에도 예방적 차원에서, 또는 감사를 표시하기 위해 사용할 수도 있다. 때에 따라서는 자기의 의견을 표현하는 차원에서 선언적으로도 사용할 수 있다.

(1) 감정을 정확하게 표현하기

감정을 정확하게 표현하려면 우선 자기가 느끼고 있는 감정이 무엇인지 자각할 수 있어야 한다. 일상 속에서 어떤 감정을 느낄 때마다 그것을 인식하고 수용하며 그 느낌에 따라 일치적으로 행동하려고 노력해야 한다. 우선 감정을 억압하던 습관에서 벗어나, 자신의 느낌을 인식하는 훈련이 선행되어야 한다. 무슨 일이 있을 때마다 잠시 머물러 자신의 느낌을 자각하고 그 느낌을 자신의 느낌으로 수용할 때 비로소 표현할 수 있게 된다.

우리는 때때로 자신의 감정, 특히 부정적 감정을 솔직하게 표현하는 것이 힘들어 거짓을 말하고자 하는 유혹을 받는다. 그러나 감정을 정직하고 적절하게 표현하지 않고는 친밀한 관계를 맺을 수가 없다. 친밀한 관계일수록 감정을 솔직하게 표현하는 것이 매우 중요하다. 부정적인 감정은 표현하지 않는 것이 더 안전하다고 생각할지 모르지만, 감정을 표현하지 않으면 갈등은 해결되지 않고, 시간이 흐를수록 그 감정이 쌓여서 인간관계에 심각한 문제를 불러일으킨다. 부정적인 감정은 우리에게 무언가를 즉시 해결하라는 메시지이다. 감정은 에너지이기 때문에 누른다고 사라지는 것이 아니고 엉뚱한 장소와 시간에 예기치 않게 폭발하여 관계를 상하게 만들 수 있다.

(2) 기대하는 것을 분명하게 전달하기

사람들은 자기만의 욕구를 가지고 있다. 그렇기에 서로 다른 욕구로 인해 불만이 생길 수 있으며, 그것이 상대방 탓이라고 여기며 분노하고 좌절한다. 그러나 자신의 욕구를 충족시킬 책임은 상대방이 아닌 자신에게 있다. 그러므로 나의 기대를 상대방에게 정직하게 표현하여 알리는 것이 바람직하다. 나 자신만이 나의 욕구를 정확히 알 수 있기 때문에 상대방이 스스로 알아서 나의 욕구를 충족시켜 주리라는 기대는 잘못된 기대이고 이루어지기도 어렵다. 이런 잘못된 기대가 관계를 손상시킨다. 또한 상대방도 나와 마찬가지로 자신의 열망을 충족시키고자하는 나름의 기대가 있다는 사실을 인정해야 한다. 항상 나의 기대만 채워줄 것을 주장하면 갈등은 불가피하다. 나의 기대충족과 상대방의 기대충족이 적절하게 조화를 이루도록 타협하는 노력이 필요하다.

나의 기대를 말 할 때에는 막연하게 추상적으로 말하지 말고, 실천이 가능한 행동변화를 구체적으로 요구해야 한다. 그러나 이 때 잊지 말아야 할 것은 기대를 말하는 것은 나의 권리이지만 상대방은 나의 요구를 받아들이지 않을 권리를 가지고 있다는 사실이다. 따라서 상대방이 나의 요구를 받아들이지 않으면 나는 나의 기대를 충족시킬 수 있는 다른 대안을 스스로 마련할 마음의 준비가 되어 있어야 한다.

(3) 나-메시지를 보낸 후 적극적 경청으로 전환하기

나-메시지가 너-메시지보다 방어본능을 덜 자극한다고는 하지만 어떤 방식으로 말하든 자기 행동이 다른 사람에게 문제가 된다는 소리를 듣고 싶어 하는 사람은 없다. 잘 구성된 나-메시지조차 당혹감, 불안감, 미안함, 따지고 싶은 느낌, 기분 나쁨, 방어하고 싶은 느낌, 저항하고자 하는 마음을 불러일으킬 수 있다. 이 경우 아무리 끈질기게 나-메시지를 사용한다 하더라도 효과를 보기는 어렵다. 오히려 반감을 불러일으켜 관계를 해칠 수도 있다. 이럴 때 필요한 것은 즉시 적극적 경청으로 전환하는 것이다.

실제 화해·조정의 과정에서 당사자들은 자신이 원하는 방향과 다른 이야기를 들었을 때 많이 당혹해하고, 반감을 표시하고, 상대방 편을 든다는 등 부정하려는 모습을 보일 때가 종종 있다. 이때 화해·조정인은 상대방이 보내는 단서나 신호에 유의해서 발 빠르게 적극적 경청으로 자세를 전환할 필요가 있다. "아~그렇군요. 제가 몰랐던 사실이 있나 보지요?", "무슨 새로운 문제가 생겼나요?", "아~네, 그러셨군요. 많이 억울하셨겠네요." 이렇게 당사자의 입장과 처지, 그 사람의 감정, 방어논리, 이유를 이해하고 수용한다는(동의하는 것은 아님) 의사를 전달한다. 이렇게 함으로써 상대방은 감정을 가라앉히고 자발적으로 화해·조정인의 입장을 이해하고 받아들일 가능성을 높여준다. 적극적 경청으로 상대방의 감정을 충분히 해소시킨 후 다시 원래의 나-메시지를 보내거나, 부분적으로 수정한 나-메시지를 보내는 것은 괜찮다.

3. 질문하기

(1) 의사소통에서의 질문

　질문은 사안에 대한 정보를 더 정확하게 파악하거나 상대방이 생각하지 못한 부분을 발견할 수 있도록 하기 위해 실시된다. 경청의 수단으로 작용하기도 하고 상대방의 시각을 넓혀주는 방법으로 활용된다. 질문을 제대로 하지 못하면 좋은 정보를 얻을 수 없고, 좋은 정보를 말하더라도 그것을 알아듣는 경청이 없으면 정보는 의미가 없다.

　화해·조정의 과정에서 질문기법은 단순한 사실관계나 의견의 정보를 듣기 위해 하는 통상적인 질문과 분쟁당사자의 시각이나 사고를 넓히고 확산시켜 사안에 대해 진정으로 원하는 것을 파악하거나 해결방안에 대한 창의적 대안 등을 찾아내기 위한 확산적 사고 유발형 질문이 있다.

　분쟁당사자는 잘 되고 성공한 일은 모두 자신의 능력과 노력 때문이고, 잘못되고 실패한 일은 자기 잘못이 아니고 외부적 요인으로 돌리는 자기본위 편향의 인지적 오류에 빠져 있을 수 있다. 이는 자기가 옳다고 생각하는 것에 부합하는 정보만을 채택하고 그와 맞지 않는 정보는 배제하는 확증 편향의 인지적 오류를 창조해낸다. 그리고 상대방의 주장에는 귀를 닫고 자기 입장을 상대방에게 주장하는 데에 집중한다.

　이러한 분쟁당사자들의 시각을 확산적 사고로 이끌어 내어 상대방과 자신이 원하는 것을 이해하고, 사안에 대한 시각을 다른 측면에서도 볼 수 있도록 더 확산하게 할 필요가 있다. 확산적 사고를 하도록 일방적으로 강요하면 반발할 수 있기 때문에 적절한 질문을 통해 확산적 사고를 스스로 찾아가도록 지원할 필요가 있다. 확산적 사고를 위해 상대가 스스로 각성하고 심층적인 자기 이해와 개방을 하도록 돕는 수단으로 질문기법은 매우 중요하다. 대화의 비효율성과 왜곡을 줄이고 정확도를 높이기 위해 가장 많이 활용되는 대화방식이 질문이다. 협상이나 문제해결을 위해 논점을 집중적으로 논의하는 중간단계에서 제안을 주고받을 때는 특히 질문과 경청의 역할이 커진다.

적절한 질문은 구체적인 정보를 얻게 하고, 문제를 더 깊게 탐색할 수 있게 하고, 시각을 더 넓혀주며, 상호간의 의사소통을 촉진하게 하지만, 부적절한 질문은 의사소통을 어렵게 한다. 부적절한 질문은 오히려 역효과가 날 수 있는데, 예컨대 마치 심문하듯이 꼬치꼬치 캐묻는 식의 질문을 하거나 따지는 형태의 질문을 한다든지 또는 질문 공세라고 할 만큼 산만하게 이것저것 묻는 식으로 한다면 상대는 불쾌감을 느끼거나 대답하기 싫은 느낌이 들 것이다. 또한 상대가 감정적으로 격해져 있을 때에는 질문이 오히려 감정을 더 격하게 하거나 방어적인 태도로 이끌 수 있어 유의해야 한다.

(2) 부적절한 질문

확산적 사고를 시도하는 질문일지라도 상대방을 무시하거나 잘못된 방향으로 상대방이 생각하게 하거나 상대방에게 오히려 거부감이 들게 하는 것은 부적절한 질문이다. 무시하거나 비난하는 것이 포함된 질문이 전형적인 예이다. 다음은 상대로 하여금 거부감이 들게 하여 방어적으로 만드는 부적절한 질문의 예이다.

---

① 핀잔을 주거나 비난하는 유형의 질문

"조금 전에 말씀하신 내용이 말이 된다고 생각하세요?"

② 잘못된 결론을 끌어낼 수 있는 질문

"이만큼 이야기 했으면 충분하다고 생각하지 않으세요?"

③ 따지거나 책망 또는 심문하는 듯한 질문

"왜 그렇게 했나요? 그 이후에 또 왜 그렇게 했어요?

---

(3) 적절한 질문

상대방을 존중하면서 그의 시각을 확장하는 데 도와준다는 측면에서 행해지는 질문은 확산적 사고를 이끌어 내기 위한 적절한 질문이다. 이러한 질문은 의사소통을 새로운 단계로 도약할 수 있게 하고 상대방으로 하여금 시각을 넓혀서 관점을 긍정적으로 변화시킬 수 있게 한다. 상대로 하여금 자신의 문제를 정확하게 객관적으로 통찰할 수 있게 도와주어 막혀 있던 의사소통의 돌파구를 찾게 하는 효과적인 의사소통 방법이 된다. 적절한 질문은 다음과 같은 상황에서 활용될 수 있다. 다만, 확산적 사고로 이끄는 질문을 연속해서 잇달아 하는 것은 자칫 상대방으로 하여금 유도하는 느낌을 주게 되어 반발을 낳을 수 있는 점을 유의해야 한다.

---

① 자신이 진정으로 원하는 것이 무엇인지 직시하도록 할 필요가 있을 때

　"지금 말씀하시는 내용이 진정으로 본인이 원하시는 것입니까?"

② 스스로 문제해결을 하는데 도움을 주고자 할 때

　"본인과 모두에게 이익이 되는 방법으로 무엇이 있을까요?"

③ 쌍방의 의견이 팽팽하게 대립하여 교착상태에 빠져 있을 때

　"어떻게 하면 입장차를 좁힐 수 있을까요?"

④ 상대방의 생각을 확인하고자 할 때

　"당신의 제안에 내포된 논리는 무엇입니까?"

⑤ 상대방의 주장 내용을 명료화하고자 할 때

　"지금까지 하신 말씀을 한마디로 정리하면 무엇일까요?"

⑥ 상대방으로 하여금 자신을 객관적으로 바라보게 하고자 할 때

　"당신에 대해 다른 사람들은 어떻게 바라볼 것이라고 생각하세요?"

⑦ 관점의 전환을 가져오도록 하고자 할 때

　"지금 주장하신 내용이 꼭 본인에게 이익일까요? 다른 방법은 없을까요?"

⑧ 정보를 더 얻고자 할 때

"지금까지 말씀하신 내용 이후에 변화된 것은 무엇이 있나요?"

⑨ 시각의 폭을 넓히는 생각을 할 필요가 있을 때

"지금까지 주장하신 것을 정반대의 측면에서 바라보면 어떻게 보일까요?"

(4) 시야를 넓히는 개방적 질문

폐쇄적 질문은 상대방에게 어떤 특정한 답변만을 요구하여 명백한 사실만을 요구하는 깃으로 상대방과의 관계를 낟아놓게 되어 공격적이 되거나 방어적이 되게 한다. 개방적 질문은 상대방으로 하여금 모든 반응의 길을 터놓아서 상대방의 관점, 의견, 사고, 감정까지 끌어내어 바람직한 관계로 개선시켜 주는 기능을 하게 된다. 다음은 폐쇄적 질문과 개방적 질문을 비교한 것이다.

"그 문제가 해결되고 나서 기분이 좋았지요, 안 그래요?"(폐쇄적 질문)

"그 문제가 해결되고 나서 기분이 어땠습니까?"(개방적 질문)

"상사에게 핀잔을 듣고 나서 속이 많이 상했겠어요, 그렇지요?"(폐쇄적 질문)

"상사에게 핀잔을 듣고 나서 어떤 생각이 들었나요?"(개방적 질문)

"그 문제해결 방법에 대해 당신의 주장이 옳다고 생각하나요?"(폐쇄적 질문)

"모두에게 이익이 되는 문제해결 방법으로 무엇이 있을까요?"(개방적 질문)

"모험이 당신에게 중요한가요?"(폐쇄적 질문)

"당신은 삶의 어느 부분에서 보다 많은 모험을 원하나요? (개방적 질문)

---

4. 협상과정에서의 의사소통

(1) 협상에서의 의사소통에 대한 오해

첫째, 협상에서의 의사소통은 눈속임이나 말싸움이라는 오해

협상은 상대방을 속이는 것이거나 협상 테이블에서 잔꾀를 부리는 기교로 오해하는 경우가 많다. 협상은 자신이 하고 싶은 말만하고 상대방에게는 말꼬투리를 잡거나 상대방의 약점을 잡아서 힘으로 굴복시키는 행위는 더욱 아니다. 상대와의 갈등을 의사소통을 통하여 진정으로 원하는 바를 합의하는 과정이 협상이다.

둘째, 상대방에 대한 선입견이나 편견에 집착

협상을 진행하면서 상대방에 대한 선입견이나 편견을 가질 경우 협상을 합리적으로 할 수 없다. 상대방에 대해 부정적인 선입견이나 편견을 갖고 있으면 수용할 수 있는 내용을 거부할 수도 있고, 상대방에 대해 지나치게 긍정적인 선입견이나 편견을 갖고 있으면 수용하지 말아야 할 것도 수용하는 오류를 범할 수 있다.

셋째, 자기중심의 의사소통에 빠지는 오류

자기는 공정하고 일관성이 있는 데 반해 상대방은 그렇지 않다고 주장하거나, 상대방의 말이나 행동을 객관적으로 해석하지 않고 자기중심적인 기준으로 해석하거나 평가하게 되면 상대방은 마음의 문을 닫아 버리게 된다. 이와 같은 자기중심적 판단은 자기의 생각과 부합하는 정보는 받아들이되, 그렇지 않으면 중요한 정보인데도 무시하거나 듣지 않게 될 수 있다.

넷째, 파이가 고정되어 있다고 생각하는 오류

파이를 키우면 분배의 몫이 커질 수 있음에도 파이는 고정되어 있다는 생각은 몫의 배분에만 집착하는 입장중심의 협상에 머물게 하여 오히려 손해를 보는 모순을 초래할 수 있다.

다섯째, 상대방과 상생의 공동체 가치를 인정하지 않는 오류

노사관계 등 지속적인 관계에서 이루어지는 협상의 경우에는 상생의 공동체 관계에 있음을 서로가 자각해야 한다. 상호이익을 추구해야 할 협상의 자리가 오직 힘으로 자신만의 이익을 취하려 함으로써 말싸움의 자리로 변질되어 적대적 의사소통의 오류를 범하게 된다.

여섯째, 협상의 목표를 근시안적 시각으로 보는 오류

협상은 당면한 권리와 의무에 관한 실체적 이익, 미래와 관련된 원칙적 이익, 신뢰와 협력에 관한 관계적 이익, 당사자들의 지위나 분쟁 해결에 관한 절차적 이익 등이 있음에도 특정 이익에만 집착하여 협상을 하면 더 중요할 수도 있는 가치를 포기하게 되는 오류를 범할 수 있다. 예를 들어 경제적 이익인 실체적 이익에 집착하여 상대방에게 마음의 상처를 주어 당사자 간의 관계에 손상을 입혔다면 관계적 이익을 포기하는 결과를 초래하게 되는 것이다.

(2) 협상에서 의사소통을 잘하는 요령

첫째, 협상 시작 이전에 상생의 신뢰관계를 형성한다.

협상을 시작하기 이전에 당사자 간에 신뢰관계가 형성되어 있는 경우에는 협상이 원활하게 진행될 수 있다. 이를 위해서는 평소 신뢰관계 형성을 위해 긍정적인 접촉과 정보교환 활동을 꾸준하게 하여야 한다. 적어도 상

대방이 자신을 속이거나 손해를 끼치지 않을 것이라는 믿음을 가졌을 때 긍정적이고 생산적인 협상을 진행 할 수 있다.

둘째, 설득력 있는 정보 수집 등 철저한 준비를 한다.

협상은 상대방에게 공감을 얻고 이해시키는 과정임에도 불구하고 이를 잊고 상황에 대한 낙관과 자기 능력에 대한 과신으로 협상 준비를 소홀히 하여 협상을 어렵게 할 수 있다. 따라서 성공적인 협상을 위해서는 상대방을 이해시킬 수 있는 자료와 정보를 수집하는 등 철저한 준비를 하여야 한다. 상대방을 설득할 수 있는 풍부한 자료와 정보를 확보하기 위해 협상 대상자와 이슈, 여건에 대한 정보를 수집하고 협상 당사자의 의견을 평소에 충분히 들어야 한다.

셋째, 성향 차이에 따른 의사소통이 필요하다.

협상 상대방의 성별, 나이, 문화적 특성, 처해진 상황 등을 감안한 의사소통이 중요하다. 상사가 업무에 대한 협상을 하는 과정에서 어떤 시점, 어떤 방식, 어떤 억양이나 몸짓으로 하느냐에 따라 부하직원은 자칫 직장 내 괴롭힘으로 인식할 수도 있다. 또한 성별에 대해 구분을 짓는 발언은 상황에 따라 성희롱으로 비쳐질 수 있다.

넷째, 상호성의 원리를 활용한 의사소통을 한다.

양보를 하면 심리적으로 손해를 보는 것 같지만 양보를 할 때에 상대방도 호응을 하도록 취지를 잘 설명하면서 이해를 구하면 상대방 또한 배려로 인식하여 상호성의 원리에 따라 양보로 나올 수 있다.

다섯째, 힘의 논리가 아닌 이익의 논리로 협상을 한다.

협상과정에서 힘의 논리나 권리의 논리로 문제를 해결하려는 것은 상대방을 굴복시키거나 시시비비를 따져서 해결하려는 것으로, 오히려 상황을 악화시키거나 상호 불신의 상황을 초래 할 수 있다. 서로의 욕구를 충족시키면서 해결하는 이익의 논리가 지혜로운 해결책이다. 이익의 논리로 협상을 진행하기 위해서는 먼저, 상대방의 요구나 주장의 이면에 있는 진정한 욕구가 무엇인지를 정확히 파악하고, 이어서 자신의 욕구가 무엇인지를 정확히 전달하여 서로에게 유익한 해결방안을 찾아야 한다.

여섯째, 입장 중심이 아닌 이익 중심으로 의사소통을 한다.

입장은 사안에 대한 주장이나 요구이다. 입장 중심의 의사소통은 받아들이거나 거부하거나 둘 중 하나만을 선택할 수 있어 선택지가 별로 없다. 이와 같은 의사소통의 방식은 각자의 주장에만 매몰되어 말싸움으로 흐르기 쉽다. 입장의 이유가 되는 것이 원하는 바이고 이익이다. 입장의 이면에 존재하는 욕구와 불만 등 이익 중심으로 하는 의사소통은 다양한 해법을 고려할 수 있는 방법이 되기 때문에 당사자 간에 성공적인 협상을 가능하게 한다.

5. 직장 내 고충처리 과정에서의 의사소통

(1) 고충문제가 사건화 되기 이전에 발견하라

직장 내 고충문제가 방치되고 악화되어 직장 내 괴롭힘 진정 등 외부로 사건화 되면 수습이 어려워진다. 이미 발생된 분쟁일지라도 더 격화되어 외부로 노출되기 이전에 조직 내 고충처리 의사소통으로 문제가 해결되면 모두에게 이익이 된다. 고충을 발견하기 위해서는 사내 인트라넷, 블라인

드 게시판, 이메일 등의 다양한 창구를 이용할 수 있다. 그러나 이러한 매체를 통해 적극적 의사표현을 하지 않는 경우도 다수 발생할 수 있기 때문에 평소 직원들의 복장, 얼굴표정, 근태, 업무태도 등 비언어적 의사표현을 잘 파악하여 고충의 징후를 미리 발견하는 것이 중요하다. 고충의 징후가 포착된 이후에는 다음의 「원인분석의 의사소통」 단계로 들어가야 한다.

(2) 원인분석의 의사소통

첫째, 공감대 형성하기

고충의 내용이나 원인분석을 잘하려면 상대방과의 공감대형성이 먼저 이루어져야 한다. 고충근로자의 입장에서 '고충을 말하면 잘 들어줄 것인지, 괜히 말했다가 이상한 사람이 되는 것은 아닐까' 하고 불안해할 수 있다. 또는 고충을 외부로 사건화해야 할지 망설이게 된다. 고충을 편하게 말할 수 있도록 고충의 징후가 있는 상대방에게 먼저 다가가서 "오늘 날씨가 많이 덥지요?", "입사한 지 2개월 정도 지났는데 근무해보니 좀 어떠세요?", "지난번에 설악산 간다고 했는데 잘 다녀오셨어요?" 등의 대화로 편안한 분위기를 조성해서 자신의 고충을 이야기해도 잘 들어주겠다는 느낌이 들 수 있도록 소통을 하는 자세가 필요하다.

둘째, 듣고, 듣고 또 듣기

고충근로자가 자신의 고충에 대해 이야기를 시작하면 주의를 집중하여 잘 들어야 한다. 설사 상대방이 말이 안 되는 억지 주장을 한다는 생각이 들지라도 나무라고 훈계하려고 해서는 안 된다. 어떤 내용이든 상대방을 있는 그대로 인정하고 받아들인다는 자세로 듣고, 듣고 또 들어준다. 말한마디 한마디에 관심을 갖고 적극적으로 듣고 공감해주면 상대방은 인정받는 느낌을 받게 되어 대화가 의미 있고 진지하게 진행될 수 있다.

셋째, 들은 내용을 요약하기

고충 내용을 다 들었을 때에는 들은 내용을 요약하여 들려준다. 상대방이 중언부언하거나 핵심이 없는 말을 늘어놓아 지루한 느낌이 들 때에도 불편한 내색을 하지 말고 이따금 상대방의 말을 정리해서 요약해준다. 요약하는 행위는 상대방의 이야기를 정확하게 들었는지 확인하는 과정이면서 상대방에게 잘 듣고 있다는 확실한 피드백이기 때문에 자신의 고충 내용을 명료화하여 말하는 데 도움을 준다.

넷째, 상대의 내면을 인정해 주기

대화가 종결된 시점뿐만 아니라 대화 중간중간 상대를 인정해 주는 것이 필요하다. 고충근로자의 입장에서는 자신의 심정을 이해받기를 강하게 원하고 있다. 겉으로 드러나는 부정적 감정에 대한 공감뿐만 아니라 내면에 깊숙이 자리하고 있는 긍정적인 면을 발견하여 인정해 주면 더욱 효과적이다. "직장 내 괴롭힘으로 많이 힘들고 어려웠을 듯합니다. 그럼에도 자신의 직무를 책임감 있게 수행하고 직원들과도 잘 지내려고 노력해 오신 모습이 참으로 훌륭하신 분이라는 느낌을 받았습니다."등의 표현을 통해 상대방은 자신이 미처 발견하지 못한 내면의 긍정적인 모습을 발견할 수도 있고, 인정받음을 통해 부정적인 감정해소와 많은 위로를 받을 수도 있게 될 것이다.

다섯째, 상황파악 또는 내면을 탐색할 수 있는 질문하기

듣고, 듣고 또 듣는 과정에서 고충의 원인이나 내용을 상당 부분 파악할 수 있겠으나 자신의 고충이 너무 예민한 내용이라고 판단하여 주저하는 마음으로 고충의 전부를 이야기 하지 않을 수도 있다. 이러한 경우를 감안해서 상황파악이나 내면을 탐색할 수 있는 질문을 통해 자신의 고충을 충분히 말할 수 있도록 한다. 질문에 대한 답을 하는 과정에서 고충근로자 스스로 자신의 문제를 정리할 수도 있고, 관점의 이동을 통해 상당부분 자신의 고충을 해소 할 수도 있게 된다.

「원인분석의 의사소통」 단계를 통해 고충의 원인분석이 충분히 이루어 졌다고 판단되면 다음의 「해결책 모색의 의사소통」 단계로 들어간다.

(3) 해결책 모색의 의사소통

첫째, 고충근로자로부터 해결책에 대한 의견 구하기

고충에 대한 해결책을 고충처리자가 일방적으로 제시하거나 수용을 강요하는 방식은 바람직하지 않다. 고충근로자 스스로 고충에 대한 해결책을 많은 시간 동안 고민하면서 여러 가지 방안을 생각해 왔을 것이다. 고충근로자가 원하는 해결책이 무엇인지를 먼저 확인하는 방식으로 의사소통이 이루어질 때 상대는 배려 받고 존중받는다는 느낌을 가질 수 있다. 해결책에 대한 만족도 또한 높아질 것이 당연하다.

둘째, 수용여부에 대한 입장 설명하기

고충근로자가 제시한 해결책을 수용할 수 있다면 더할 나위 없이 바람직하겠으나, 회사(조직) 또한 원하는 방향이나 상황 등으로 수용하기 곤란한 경우도 있을 수 있다. 제시한 해결책을 수용할 수 없는 경우에는 충분히 납득할 수 있도록 수용할 수 없는 이유를 설명하여 오해를 하지 않도록 하고, 고충근로자와 함께 서로가 만족할 수 있는 또 다른 대안을 모색한다.

셋째, 명확한 사후조치사항을 합의 결정하기

고충처리의 최종 해결책일 수도 있고 최종 해결책을 모색하는 중간단계일 수도 있는 사후조치사항을 상호 합의하여 결정한다. 육하원칙에 의해

언제 어떻게 역할분담을 할 것인지 사후조치사항을 명확하게 할 필요가 있다. 막연하게 사후조치사항을 결정하면 고충근로자와의 사이에 오해가 일어나서 또 다른 고충이 발생할 수도 있다.

넷째, 감사 표현으로 마무리하기

고충근로자는 자신의 고충을 말함으로써 문제는 해결이 되었을지라도, 자신의 입장에서 자칫 치부라고 생각할 수 있는 부정적인 감정이나 생각 등을 표현하였기 때문에 마음이 불편할 수도 있다. 상대가 혹여 가질 수도 있는 불편하거나 불안한 감정을 해소시켜 주기 위하여 진심을 담아서 위로나 감사표현의 메시지가 필요하다. "표현하기 어려울 수도 있는 자신의 고충을 허심탄회하게 말해주어 신속히 문제를 해결할 수 있게 해준 점에 감사한다."는 표현을 하면서 고충처리 과정을 마무리한다.

Ⅳ. 화해·조정인이 가져야 할 기본태도

의사소통은 기업경영과 노사관계의 핵심요소이다. 의사소통의 수준은 개별근로관계에서의 당사자는 물론, 노동조합과 사용자의 관계를 가깝게도 만들 수 있고 멀어지게 만들 수도 있는 힘을 가지고 있다. 개별적 근로관계 또는 집단적 노사관계에서의 노동분쟁은 원활한 의사소통으로 사전에 예방하거나 협상을 통해 자율적으로 문제를 해결하는 것이 가장 바람직하다. 그럼에도 불구하고 불가피하게 법적인 해결방안을 구하는 경우에는 갈등의 상황이 복합적이고 오해와 의사소통의 왜곡으로 감정이 얽혀있는 경우가 대부분이어서 당사자가 스스로 풀기에는 쉽지 않은 경우가 많다.

화해·조정을 통한 분쟁해결이 주는 장점은 법률적인 판단과 비교하여 시간과 비용, 심리적 에너지 등이 적게 들고 분쟁을 신속히 종결할 수 있다는 데 있다. 이와 함께 당사자 모두에게 유익한 해결방안을 찾을 수 있으며 분쟁을 조정하는 과정에서 서로에 대한 이해의 폭도 넓히고 불편한 감정도 해소할 수 있다는 긍정적인 이점을 가지고 있다.

노동위원회에서 매년 처리해야 하는 1만 7천여 건의 노동사건을 법률적 판단으로만 해소하기에는 한계가 있다는 현실적 측면과 화해·조정이 가지는 장점을 감안할 때 화해·조정제도의 활성화는 필연적이라 할 수 있다.

화해·조정제도를 활성화하기 위해서는 화해·조정인의 역할이 매우 중요하다. 단순히 잘 듣고, 부드럽게 말하고, 눈을 맞추는 등의 스킬중심의 의사소통 방식으로는 한계가 있다. 분쟁 당사자들로 하여금 마음의 문을 열게 하여 자유롭게 말하고, 서로의 생각을 공유하고 이해하며, 확산적 사고를 통해 좋은 해결방안을 찾아가게 하는 데 더하여 분쟁당사자들이 신뢰기반을 구축하는 데 다리의 역할을 수행해야 한다는 차원까지 의사소통의 역량과 수준을 높여야 한다.

분쟁 당사자는 화해·조정과정에서 어떻게든 자신의 이익을 최대한 확보하고 손해를 최소화 하려고 노력한다. 상대방의 주장에 대해서는 방어적이고 때로는 사소한 것들에서도 감정적으로 대립하기도 하고 분노를 강하게 표출하기도 한다.

어떻게든 자신의 이익을 극대화하려하고 듣고 싶은 말만 들으려하는 당사자들의 욕구를 파악하고, 이해하고 인정해주고 설득하면서 합의점을 이끌어내는 일은 결코 쉽지 않다. 화해·조정인 또한 한 사람의 인간이기에 당사자들과의 면담과정에서 때때로 감정의 불편함을 겪을 수도 있고 화가 나는 상황으로도 내몰릴 수도 있다. 여러 상황과 조건에도 불구하고 당사자들로부터 신뢰를 얻지 못하면 그 결과 또한 기대하기 어렵다는 측면에서 화해·조정인으로서의 자기관리가 그 무엇보다 중요하다. 억울한 사람을 만들지 않겠다는 균형 잡힌 시각, 어느 한쪽에 치우치지 않는 공정성, 정성스러운 마음으로 사건과 사람을 대한다면 화해·조정인으로서의 역할 또한 어려운 일만은 아니다. 다음은 성공적인 분쟁조정을 위해서 화해·조정인이 가져야 할 기본적인 태도이다.

1. 화해·조정인의 기본자세

당사자들은 사건과 무관하게 말 자체에서 용서와 배려를 느끼기도 하고 분노와 좌절감을 느끼기도 한다. 말 한마디에 따라 화해·조정이라는 목표와 무관하게 당사자 사이를 더 멀어지게 할 수도 있다. 예의를 갖춘 부드러운 말투는 회의 진행자가 갖추어야 할 핵심요소이자 기본적인 전제가 될 것이다. 어떤 경우라도 강압적이거나 권위적이어서는 안 된다. 언제나 당사자들을 존중하고 겸허한 태도를 보여주어야 한다. 감정을 상하게 하거나 프라이버시를 침해하는 행위는 각별히 조심해야 한다.

사람의 마음을 움직이는 것은 결코 쉬운 일이 아니다. 더욱이 짧은 화해·조정시간에 다툼을 앞에 놓고 첨예하게 대립하는 당사자들의 마음을 움직이는 것은 더더욱 어려운 일이다. 사건 당사자들의 마음의 문을 열게 할 수 있는 방법은 화해·조정인의 진정성과 정성을 다하는 모습이다. 진정성과 정성을 다하는 자세는 화해·조정인의 품위와 권위를 지키며 신뢰감을 높이는 결과를 만들어 내는 동시에 원만한 해결책을 이끌어 내는 원동력이 될 것이다.

화해·조정에서 성립이라는 결과는 필요하고 중요하다. 그러나 이 결과에 집착해 무리하거나 서둘러서는 안 된다. 회의 분위기를 자연스럽게 이끌어가고 당사자들과의 화해·조정 필요성에 공감대를 형성하도록 힘써야 한다. 성립이라는 공동의 목표 앞에서 이해하고 양보하며 협력할 수 있도록 의견을 개진하고 조율하는 것이 필요하다. 일방적이고 강압적이고 권위적인 태도는 공감대형성에 도움이 되지 않는다. 분쟁의 당사자들이 합리적이고 유연하게 의견접근을 할 수 있도록 인내심을 갖고 관심을 기울이고 힘써야 한다. 설사 성립이라는 성과를 이루지 못한다 할지라도 사건 당사자들에게 평안함을 갖게 하고 감정을 순화시키고 당사자 사이의 관계를 증진하는 데 도움을 주었다면 그 나름의 역할을 다했다 할 것이다.

2. 진정어린 대화 태도

분쟁당사자는 서로에 대해 신뢰를 하지 못하고 있는 경우가 대부분이기에, 화해·조정 과정이 자신에게 손해를 끼치지 않고 자신을 도와 줄 것인지에 의문을 가질 수 있다. 불편하고 불안해 할 수 있는 당사자들에게 화해·조정과정이 진정으로 공정하리라는 믿음을 주는 것이 중요하다. 화해·조정인은 화해·조정에 임하는 당사자가 힘들고 고통스러운 상황에 처해 있다는 것을 이해하고 진정으로 당사자들을 이해하고 도우려는 태도를 가져야 한다.

화해·조정인이 분쟁 당사자에게 "여러분 그 누구도 억울하신 분이 없도록 하기 위해 사건내용을 꼼꼼히 살펴보았습니다. 충분히 말씀하실 기회를 드리고 경청하면서 서로에게 유익한 해결방안을 찾아갈 수 있도록 정성을 다하겠습니다."라는 표현을 통해 당사자들에게 믿음을 줄 수 있다.

진정성이 있는 대화가 되는 말, 어투나 제스처, 표정 등이 밖으로 표출되기 위해서는 자신의 마음속에 당사자들을 진정으로 소중하고 가치 있는 존재로 인식하고, 문제해결에 대한 정성스러운 마음과 의지가 담겨있어야 한다. 내면에 담겨있지 않은 마음을 겉으로 보이도록 애쓰는 것은 의미가 없다. 듣는 사람의 입장에서 '진정으로 내 입장에서 내 심정을 알아주는구나.', '내가 처한 처지를 이해하고 나의 어려움을 이해하고 있구나.' 하는 느낌이 들 때 상대방으로부터 신뢰를 얻을 수 있다.

3. 공정성, 일관성, 책임감

분쟁 당사자 입장에서 화해·조정을 진행하는 화해·조정인이 어느 한 편에 치우치지 않는다는 믿음을 주어야 한다. 화해·조정인이 당사자들로부터 공정하지 않다는 판단을 받게 되는 순간 화해·조정의 성립을 기대하기는커녕 회의자체가 난항을 겪을 수밖에 없다. 회의를 진행하는 과정에서도 당초 제시한 해결안이 바뀌게 된다면 그 이유를 납득할 수 있도록 충분히 설명을 해줌으로써 오해를 하지 않도록 해야 한다. 납득할 수 없는 이유로 화해·조정인의 입장과 태도가 수시로 바뀌게 된다면 당사자들은 화해·조정인을 신뢰할 수 없다. 일관성을 가진다는 것은 자기가 한 말에 대해 성실히 책임을 지는 자세를 말한다. 일시적으로 어느 일방에게 호감을 얻기 위해 당사자의 구미에 맞는 말을 하고, 또 다른 당사자에게는 그의 구미에 맞는 또 다른 말을 하여 신뢰를 얻겠다는 이중적인 태도는 신뢰를 줄 수 없다.

분쟁조정에서 문제해결 못지않게 중요한 것이 문제를 풀어가는 과정이다. 화해·조정인이 어느 일방에 치우지지 않는 균형된 시각과 자신이 한 말에 대해 책임감을 갖고 일관성 있는 태도를 보일 때 당사자로부터 신뢰를 얻을 수 있다. 화해·조정의 과정은 당사자들로부터 마음을 얻어가는 과정이기에 화해·조정인은 신중한 자세로 언행에 각별히 신경을 써야 한다.

4. 인간으로서 존중하는 태도

개별노동분쟁의 화해회의를 진행하다보면 이유서나 답변서 등 제출된 자료만으로도 사건의 윤곽이 잡히고 유·불리까지도 판단하게 되어 자칫 편견이나 선입견을 가지고 당사자를 만나기가 쉽다. 이렇게 되면 사람은 없이 사건에만 집중하게 되어 판단, 평가, 해석, 충고, 설득 등으로 대화가 흘러가기가 쉽다. 이 지점이 문제해결을 가장 어렵게 하는 부분이다. 설사 해고를 유발하고 반복적으로 구제신청을 하는 사람일지라도 사건과 사람을 분리하여 인간으로서의 존재 그 자체, 소중하고 가치 있는 인격체로 보고 진실된 마음으로 대화를 진행하는 것이 중요하다.

분쟁당사자가 종잡을 수 없는 표현을 하고 심지어 횡설수설 할지라도 상대방에 대해 인간으로서 존중하는 태도를 견지해야 한다. 대화의 과정에서 자신의 속마음을 다 이야기 하지 않는 데는 나름의 이유가 있을 수 있다. 잘못 말함으로써 자신이 비판받거나 무시당할 위험이 있을 수 있다는 두려움이 작용할 수도 있고, 어렵게 이야기했는데 이해는커녕 오히려 오해나 받고 손해가 되지 않을까 걱정할 수도 있다. 특히 자신이 한 말이 상대방의 마음을 상하게 하여 관계가 더 불편하게 될까 염려가 되어 말을 못하는 경우도 있을 수 있다. 그 어떠한 경우라도 화해·조정회의 진행과정 내내 상대방에 대해 긍정적 존중, 수용, 공감적 이해의 태도를 잃지 말아야 한다.

5. 편안한 분위기 조성

화해·조정회의에서 당사자를 만날 때는 언제나 정성을 다한다는 마음으로 대화를 시작한다. 최대한 편안한 분위기를 만들고, 자율적 해결을 지지하기 위하여 당사자들이 주장할 기회를 충분히 제공한다. 당사자들의 주장을 편견이나 판단 없이 경청하면서 상대방에게 전달해도 될 사항과 전달해서는 안 될 사항이 있는가를 주의 깊게 살피고, 필요시에는 특정 부분의 이야기가 상대방에게 전달되어도 좋은가를 확인해 보기도 한다. 주의할 점은 상대를 자극하거나 화해·조정에 도움이 되지 않을 이야기, 감정적으로 불쾌함을 유발 할 수 있는 내용들은 가급적 전달하지 않도록 해야 하며, 정성스럽고 진지한 태도로 대화를 진행한다. 상대방이 장황하게 이야기하거나 문제의 본질에서 벗어난 이야기를 할 때에는 적절한 질문을 통해 사건의 본질로 대화를 전환하도록 한다.

6. 서로의 기대를 동일하게 존중하기

양 당사자가 가진 기대가 똑같이 중요하고 타당하다는 사실을 이해시킨다. 화해·조정결과에 억울한 사람이 없도록 하는 것이 중요하다. 화해·조정회의를 진행하면서 자칫 성립이라는 결과에 집착하기가 쉬운데 그렇게 회의를 진행하다보면 어느 한쪽에 유리한 결과를 만들어내는 오류를 범할 수 있다. 화해·조정인은 언제나 당사자 모두에게 유익한 결과를 만들어낸다는 정신을 잊지 말아야 한다. 문제를 성공적으로 해결한다는 것은 양쪽의 기대와 열망을 어떤 식으로든 함께 충족시킨다는 의미를 담고 있다.

당사자들에게는 화해·조정의 과정이 서로 조금씩 양보하고 상대를 배려함으로써 함께 만족할 수 있는 결론에 도달하기 위해 노력하는 과정임을 이해시킨다. 화해·조정안에 대한 선택은 당사자의 몫이기에 자유롭게 심사숙고하여 선택할 수 있도록 도와주어야 한다. 당사자에게 선택을 강요하거나 일방적으로 가르치려고 해서는 안 된다. 마지못해 받아들이는 수동적 수용이 아닌, 스스로 판단하고 결정할 수 있는 능동적 수용이 될 때 결과에 대해서도 만족할 수 있다. 화해·조정 과정의 모든 순간에 집중력을 잃지 않고 정성을 다해야 한다.

Chapter

03.

화해·조정·중재

03 화해 · 조정 · 중재

I. 화해 · 조정이란 무엇인가

1. 협상이 교착상태에 빠지면...

분쟁을 당사자 간 협상으로 스스로 해결하면 가장 이상적일 것이다. 그러나 이해관계자가 다수이거나 쟁점이 많고 복잡하면 스스로 문제를 해소하는 것이 어려울 수 있다. 여기에 분쟁당사자 상호 간 감정적 대립과 심리적 장벽이 가중되면 당사자들이 스스로 문제해결을 위한 대화를 시작하고 유지하는 것은 더욱 어려워진다. 어떤 경우에는 힘의 불균형으로 인해 당사자 일방이 의도적으로 대화를 회피할 수도 있다. 결국, 당사자 간 대화는 단절되기 일쑤이다.

그러나 문제는 당사자 상호간 도움이 없이는 분쟁 상황을 해소할 수 없다는 점이다. 상대방의 협력 없이 문제를 해결할 수 있다면 분쟁 상황에 도달하지도 않기 때문이다. 따라서 당사자 상호 간 대화와 협상이 필요하다. 그러나 단절된 대화를 복원하고 교착상태에 빠진 협상을 재개하는 것은 말처럼 쉽지 않을 수 있다.

이러한 상황을 극복할 수 있는 하나의 방법이 있는데, 그것은 중립적 제3자의 도움을 받는 것이다. 즉, 중립적 제3자의 도움을 받아 교착상태에 빠진 협상에 돌파구를 마련하는 것이다. 제3자의 도움을 받아 협상을 진전시킬 경우 통상 이를 화해·조정이라 부른다.[1]

2. 대안적 분쟁해결과 화해·조정

화해·조정에 대한 보다 정확한 이해를 도모하기 위해서는 먼저 대안적 분쟁해결(alternative dispute resolution, ADR) 방법을 이해하는 것이 필요하다. 대안적 분쟁해결 방법은 1970년대 중반 미국에서 대두되었는데, 당시 미국 사회에서는 각종 갈등과 분쟁으로 인한 법적 쟁송이 빈발하면서 소송의 남발로 인한 사회적 비용이 커지게 되었고, 이를 극복하기 위한 한 방편으로 ADR 운동이 전개되기 시작했다. 구체적으로 1976년 파운드 회의(Pound Conference)를 기점으로 미국 연방 차원에서 ADR이 본격적으로 논의되기 시작하였는데, 이 회의서 법원이 소송이라는 대립적 분쟁해결 절차만을 제공하기 보다는 다양한 분쟁해결 절차를 제공하고 당사자들로 하여금 그 중에 하나를 선택하도록 하자는 주장이 제기되었다. 여기서 제기된 소송 이외의 분쟁해결 절차로는 협상(negotiation), 화해·조정, 중재(arbitration) 등이 있는데 이를 '전통적 분쟁해결(conventional dis-

---

1 본 글에서 화해·조정이라는 단어는 중립적 제3자의 조력을 바탕으로 당사자 간 합의로 분쟁을 종료하고자 하는 다양한 행위를 포괄하는 의미로 사용한다. 화해(和解)는 민법 제731조에 당사자가 상호 양보하여 당사자 간의 분쟁을 종지할 것을 약정하는 행위로 규정하고 있는바, 공적 기관인 법원이나 노동위원회가 판결 또는 판정을 통해 분쟁을 해결하기 이전에 당사자의 신청 또는 직권으로 당사자 간 합의를 권고하고자 할 때 주로 사용된다. 반면 조정은 통상 당사자의 요청으로 시작되며, 당사자 간 자율적 협의가 한계에 봉착했을 때 중립적 제3자, 즉 조정인이 중간에서 당사자들이 수용가능한 해결안에 도달할 수 있도록 도와주는 방식을 의미한다. 본 글은 화해와 조정 모두가 당사자들이 동의하는 내용으로 분쟁을 해결하는데 초점을 맞춘다는 점에서 별도의 구분 없이 화해·조정이라는 단어를 사용한다.

pute resolution) 절차인 소송을 대체한다' 하여 대안적 분쟁해결 방법이라 부르게 되었다.

현재 미국은 거의 모든 법원에서 조정과 중재 또는 이들이 혼합된 형태 등 다양한 형태의 ADR을 운영하고 있다. ADR은 1978년 가사조정협회 (The Family Mediation Association)가 설립된 것을 필두로 전문 분야로 발전하여 왔다. 그 후 ADR은 소비자보호, 아동학대, 교육문제, 환경문제 및 정책문제(대중교통, 에너지) 등 다양한 전문 영역에서 널리 활용되고 있다.

우리나라에서도 ADR이 분야별로 도입되어 활용되고 있다. 이미 오래 전에 민사조정이나 가사조정과 같이 ADR 방법이 법원에서 도입되어 활용되고 있으며, 행정부 차원에서도 중앙행정기관별로 특정 기능을 갖는 다양한 ADR 기구들이 만들어져 있는 상태이다. 이들 기구들은 성격상 행정위원회와 자문위원회로 구분될 수 있는데, 중앙노동위원회, 무역위원회, 환경분쟁조정위원회, 전기위원회 등은 행정위원회이고, 사학분쟁조정위원회, 중앙건설분쟁조정위원회 등 다수의 위원회는 자문위원회의 성격을 갖고 있다.

화해·조정은 대안적 분쟁해결 방법의 한 유형이라 할 수 있는데, 중립적이고 객관적인 제3자의 도움을 받아 당사자 간 합의를 도출하는 절차라 할 수 있다. 달리 말하면, 제3자인 화해·조정인이 당사자들 가운데에서 당사자들의 문제해결 과정을 도와주는 것으로 당사자 간 자율적 협상 절차를 조율 통제하고 당사자 간 협력적인 대화를 촉진하는 역할을 한다. 이때 화해·조정인은 최종적 해결책을 제시하거나 결정을 내리는 권한을 가지지는 않는다. 결국, 당사자들이 자율적으로 합의한다는 점을 특징으로 한다. 이런 이유로 화해·조정을 "조력된(assisted) 협상"이라고도 한다.

3. 대안적 분쟁해결 방법의 장점과 다양성

　대안적 분쟁해결 방법은 전통적 분쟁해결 방법인 소송(또는 행정부에 의한 판정)을 통한 분쟁해결과 비교하여 보면 그 장점을 구체적으로 알 수 있다. 소송을 통한 분쟁해결은 기본적으로 옳고 그름에 기초한 접근에 근거하여 진행되기 때문에 승-패(win-lose), 즉 누가 옳고 누구는 그르다는 결과를 야기한다. 이러한 이분법적 해결방식은 분쟁당사자들에게 판결에 대한 만족감을 주기 어렵고, 아울러 상호 수용 가능한 최적의 대안을 방기하는 결과를 가져오는 것이 일반적이다. 반면, 대안적 분쟁해결 방법은 서로의 진정한 이해관심사에 기초하여 분쟁해결을 도모하기 때문에 상호 상생(win-win)할 수 있는 결과를 도출할 개연성이 높다.

　또한, 소송을 통한 분쟁해결은 과거지향적으로 분쟁을 해결하려는 성향을 갖는다. 소송에서는 과거에 분쟁당사자들이 보여준 행동과 사실의 인정에 기초하여 그 정당성이 평가된다. 따라서 분쟁당사자 간의 미래 관계는 판결에서 중요한 고려사항이 될 수 없다. 반면, 대안적 분쟁해결 방법은 분쟁당사자가 앞으로 어떤 관계를 맺게 될 것인지, 어떤 이익을 얻게 될 것인지에 초점을 맞추는 미래지향적 분쟁해결 방법이다. 따라서 대안적 분쟁해결 방법에서는 현재의 갈등을 이해하고 미래의 신뢰관계 형성을 위해 적정한 선까지만 과거를 규명하고 청산을 요구한다. 그러므로 대안적 분쟁해결 방법은 엄격한 법리에 근거한 과거 사실의 정당성에 구속되기보다는 비교적 자유로운 과정을 통해 창의적인 해결을 모색할 수 있다는 장점이 있다.

　마지막으로 분쟁해결의 자율성과 관한 것으로 소송이 제3자, 구체적으로 사법기관에 의한 강제적 해결방식이라면 대안적 분쟁해결 방법의 특징은 분쟁당사자 쌍방의 일치된 자주적 의사에 근거한 자율적 해결방법이라는 점이다. 당사자의 주체성을 존중하고 자기결정권을 보장하여 당사자가 자율적 교섭에 주도적으로 임하도록 하는 것이 대안적 분쟁해결 방법의 핵심적 요소인바, 분쟁해결 과정에는 여러 요소가 개입하지만 결국 당사자 자신에 의한, 당사자 자신한테 납득이 가는 해결 대안의 모색이 대안적 분쟁해결 방법의 근본적인 원리라 할 것이다.

대안적 분쟁해결 방법은 활용기법에 따라 크게 협상, 화해·조정, 중재로 구분될 수 있다. 또한, 협상, 화해·조정, 중재 이외에도 다양한 ADR 방법을 혼합하여 활용하는 것을 '혼합적(hybrid) ADR 모델'이라고 한다. 혼합적 모델에는 ① 사적 재판(private judging), ② 사실확인(fact-finding), ③ 촉진(facilitation), ④ 옴부즈만(ombudsman), ⑤ 약식배심원심판재판 (summary jury trial), ⑥ 규제협상(regulatory negotiation), ⑦ 조정 연계 중재(med-arb), ⑧ 다단계(multi- step), ⑨ 이중접근법(two-track approach) 등이 있다. 이처럼 소송을 통한 분쟁해결의 대체제로서 ADR은 실로 매우 다양하다. 여기에서는 사람들이 즐겨 사용하는 ADR 기법 중 소송과 협상, 화해·조정과 중재, 화해·조정과 촉진의 특징을 비교하여 설명하고자 한다.

4. 소송 vs 협상

전통적 분쟁해결 방법을 대표하는 소송은 분쟁해결의 결과와 절차 모두에 대한 중립적 제3자 개입으로써 분쟁당사자들이 의사결정과정이나 결과에 대해 거의 통제력을 행사하지 못하는 분쟁해결 방법이다. 소송은 분쟁당사자 간에 서로 더 이상 또는 아무것도 합의할 수 없다는 인식의 결과로 등장한 것이다. 그러므로 분쟁을 스스로 해결할 수 없어 소송에 의탁하는 경우 분쟁해결 과정과 산출에 대한 분쟁당사자의 자율성은 매우 약화

될 수밖에 없게 된다. 특히, 소송은 제도화되고 사회적으로 인정된 권위체의 분쟁 개입을 의미하는 것으로서 분쟁당사자의 이익, 주장 가치뿐만 아니라 사회적 가치와 규범을 고려하여 결정을 내리게 된다.

반면, 협상은 분쟁해결의 결과와 절차에 있어서 분쟁당사자의 통제 수준이 높은 분쟁해결 방법이다. 즉, 협상은 외부의 개입 없이 분쟁당사자들이 주도해서 분쟁을 해결하는 과정인 것이다. 협상은 분쟁해결에 있어 가장 고전적이며 보편적으로 사용되는 수단으로서 이해관계가 충돌하고 있다고 인식하고 있는 당사자들이 합의에 도달하기 위한 일련의 상호작용 과정인 것이다.

5. 화해·조정 vs 중재

화해·조정은 본질적으로 절차와 관련된 중립적 제3자 개입인 반면, 중재는 분쟁해결 결과와 관련된 중립적 제3자 개입으로 구별될 수 있다. 구체적으로 화해·조정은 제3자가 분쟁해결 절차 및 방식, 의제 설정 등에 대한 주도권을 갖는 반면, 분쟁해결 결과에 대한 최종 결정권은 분쟁당사자가 행사하는 분쟁해결 방법이다. 중립적인 제3자가 분쟁당사자 간의 의사소통을 돕는 활동을 지칭하는 화해·조정은 협상 과정이 안정적으로 진행될 수 있도록 유도하며, 교착상태에 놓인 협상에 추진력을 제공한다. 화해·조정의 장점은 당사자 중심의 분쟁해결책 모색과 그 해결책의 성실한 이행이라는 협상의 중요한 장점을 유지할 수 있다는 것이다. 그러므로 분쟁당사자는 부담 없이 제3자의 개입을 요청할 수 있고, 제3자의 조력으로 협상을 성공적으로 타결할 수 있는 가능성을 높이게 된다.

반면, 중재는 분쟁당사자들이 요청 혹은 사전에 합의된 절차나 규정에 의해 중립적인 제3자가 분쟁 사안을 심의, 최종 판정을 내리는 분쟁해결

방법이다. 중재에는 제3자의 결정이 분쟁당사자들에게 구속력이 있는가 없는가에 따라 구속적 중재와 비구속적 중재로 나뉘는데, 구속력 있는 중재는 법원판결과 유사하게 분쟁당사자들에게 승복의 의무가 있다. 분쟁당사자 간 사실관계에 이견이 있을 때 제3자가 중립적인 입장에서 사실조사를 대행해주는 중립적 사실조사(neutral fact finding)도 문제해결을 위한 사실조사-판단과정에의 제3자 개입이라는 측면에서 광의의 중재에 해당된다고 할 수 있다.

6. 화해·조정과 촉진

화해·조정과 유사한 개념으로는 촉진(facilitation)이 있다. 촉진은 당사자들의 의사소통을 원활하게 하고 정보가 제대로 전달될 수 있도록 과정을 관리하는 기법이다. 문제해결 과정에 집중하며, 진행 과정의 속도를 조율하고 문제해결 과정을 단계적으로 밟아나갈 수 있도록 한다는 특징이 있다. 이러한 의미에서 화해·조정과 촉진은 모두 합의안을 제시하기보다는 분쟁해결 절차의 진행과 분쟁당사자 간 의사소통을 돕는 역할에 초점을 맞춘다.

과정을 관리한다는 측면에서 화해·조정인과 촉진자는 유사한 역할을 하지만, 화해·조정인은 중립적 제3자를 전제로 하지만 촉진자는 반드시 중립적이고 객관적인 제3자이여야 하는 것은 아니다. 분쟁당사자 중 과정 관리 능력이 있는 사람도 촉진자가 될 수 있다. 더 나아가 촉진과 화해·조정을 구분하는 핵심적 특징은 촉진이 공식적 회의 절차에 집중하여 문제해결 절차를 관리하는 반면, 화해·조정은 문제해결을 위해 공식적/비공식 개별회의(caucus)를 진행할 수 있다는 점이라 할 것이다. 이러한 의미에서 촉진은 넓은 의미에서 화해·조정의 한 유형이라 할 수 있다.

7. 노동분쟁에서의 화해·조정

노동분쟁에서의 화해·조정은 사적 화해·조정과 공적 화해·조정으로 구분될 수 있다. 사적 화해·조정은 통상 기업 내 개별 노동분쟁에서 화해·조정인을 선임하여 당사자 간 합의로 분쟁을 해결하는 방식을 말한다. 기업 내에서 조직 구성원 간 갈등이나 직원과 회사의 분쟁에서 사적 화해·조정을 활용할 수 있다. 공적 화해·조정은 통상 노동위원회 등 공적 기관에 제기된 심판사건이나 조정사건을 화해·조정을 통하여 분쟁을 해결하는 방식을 말한다.

우리나라 노동분쟁에서 화해·조정은 개별 기업 차원에서 이루어지는 사례는 아직 많지 않으며, 공적 기관인 노동위원회를 통해서 이루어지는 것이 대부분이다. 노동위원회에서는 부당해고 등 개별적 노동분쟁 사건의 경우 조사·심문 과정에서 판정이 아닌 당사자 간 합의로 분쟁을 해결하고자 할 때 '화해'라는 용어를 쓰고 있으며, 집단적 노동분쟁 사건의 경우 노동조합과 사용자 간 합의로 분쟁을 해결하고자 할 때 '조정'이라는 용어를 사용하고 있다. 노동위원회의 조정은 노동조합과 사용자 일방의 신청으로 시작되며 조정위원회의 조정안에 대해 양 당사자가 동의할 경우 조정이 성립된다.

노동분쟁은 당사사 간 ① 반복적 분쟁으로 ② 당사자 간 관계성이 중요하며, 이로 인해 당사자 간 ③ 일관성과 윤리성이 매우 중요하다. 아울러 당사자 특성의 ④ 비대칭성(한쪽 당사자는 선거로 당선되는 조직이고, 다른 한쪽 당사자는 임명되는 조직)으로 본질적 이해관계의 차이가 존재하는 복합 분쟁이라는 특성을 갖고 있다. 노동분쟁의 이러한 특성으로 인해 단순히 옳고 그름이라는 렌즈로 문제를 해결하는 데에는 한계가 있으며, 복합적 원인에 대응하기 위한 유연한 접근과 더불어 관계의 회복이라는 관점에서 다면적으로 대응하는 것이 중요하다. 이러한 의미에서 유연한 접근을 장점으로 하는 화해·조정이 노동분쟁 해결을 촉진하는 데 있어 매우 유용한 수단이 될 수 있다.

그러나 노동분쟁이 내재하고 있는 사회적 파급효과를 고려해 볼 때 신속한 해결도 중요한바, 이는 화해·조정이 갖고 있는 유연성을 불가피하게 제약할 수 있다(예: 법적 규정으로서 조정 기간 설정 등). 일반적으로 노동분쟁은 공익을 대표하는 정부의 개입이 제도적으로 구축되어 있으며(정부의 조정권), 이로 인해 노동분쟁의 화해·조정 역시 상대석으로 높은 제도화된 형태를 띠고 있고 이로 인해 불가피하게 경직된 모습을 보이게 된다. 예를 들어, 노동위원회 조정의 경우 노동위원회가 구성한 조정위원회가 공정한 입장에서 조정안을 제시하여 수락을 권고하는 것을 주요 활동 내용으로 협소하게 인식되고 있는 경향이 강한바, 이는 조정의 본질적 특성과 거리가 있는 것으로 개선이 필요하다.

이러한 의미에서 노동분쟁에서의 화해·조정의 경우 법 제도적 한계 속에서 화해·조정이 가지는 장점을 살릴 수 있는 화해·조정인들의 창의적 노력이 매우 필요하다. 그렇지 않으면 소송과 유사하게 화해·조정은 매우 형식적으로 진행될 개연성이 크다.

II. 화해·조정의 의미와 특징

1. 화해·조정은 언제 필요할까?

그렇다면 분쟁당사자들은 언제 화해·조정을 선택할까? 그것은 협상을 통해 스스로 분쟁을 해결할 수 있다는 기대가 낮을 때 하나의 대안으로 화해·조정을 통한 분쟁해결을 선택할 수 있다. 특히, 소송이나 여타의 분쟁해결 방식을 선택하기보다 화해·조정방식을 통한 분쟁해결을 선택하는 이유는 최종적 분쟁해결의 주체(분쟁 결과를 결정하는 주체)가 여전히 분쟁당사자라는 점에서 상대적으로 당사자의 자율성이 보장된 분쟁해결 방법이기 때문이다. 구체적으로 다음과 같은 상태에서 분쟁해결을 위한 하나의 돌파구로써 화해·조정은 선택될 수 있다.

화해·조정이 필요한 상황

- 분쟁당사자 간 직접 협상을 통한 분쟁해결의 능력이 미비할 때,
- 당사자 간 직접 협상을 통해 분쟁을 해결할 수 있는 환경(조건)이 구비되어 있지 못할 때,
- 이해당사자의 구분이 명확하지 않고 그들의 이해를 대변하기 어려울 때,
- 감정적으로나 심리적으로 갈등이 심화되어 있을 때,
- 이해당사자들 간의 힘의 불균형이 극명하게 존재할 때.

이 밖에 분쟁을 신속하고(quick) 저렴하게(inexpensive) 해결하고자 할 때, 당사자 간 비밀을 보장하고(confidential), 분쟁해결 과정을 공정하고 유연하게(fair and flexible) 진행하며, 분쟁해결 결과에 대한 당사자의 만족도

를 제고하고자(satisfactory) 할 때, 분쟁해결 과정에서 당사자 간 관계를 악화시키지 않고자(keep relationship) 할 때 화해·조정은 이에 잘 부합된다.

2. 화해·조정이 시작되면 분쟁해결 과정이 어떻게 변화되는가?

분쟁해결 과정에 화해·조정인이 개입하게 되면, 무엇보다도 분쟁당사자 간의 정보적 불균형을 해소하는 데 기여하게 된다. 이는 화해·조정인의 개입 그 자체로 효과가 발생하는 것으로 화해·조정인은 쟁점 사안에 대한 객관적 정보를 제공할 뿐 아니라 현안에 되는 분쟁이 지금 어떠한 상황에 처해 있고, 분쟁해결의 전 과정에서 지금은 어떠한 지점을 통과하고 있는지를 분쟁당사자에게 알려 줄 수 있다. 둘째, 화해·조정인의 개입 그 자체로 새로운 소통 공간이 제공된다. 분쟁당사자들은 통상 이해관계의 충돌뿐 아니라 감정적, 심리적 대립으로 스스로 대화를 진행하기 어려운 상황에 봉착하게 되는 경우가 많다. 이러한 경우 화해·조정인을 매개로 한 소통은 분쟁당사자 간의 불필요한 오해를 해소하고 관계 개선의 창구로 활용될 수 있다. 셋째, 당사자의 태도 변화를 유도할 수 있다. 분쟁 상황에서 당사자들은 일반적으로 자신의 입장을 중심으로 의견을 표명하고 이를 끝까지 관철시키고자 한다. 그러나 화해·조정 개입과 화해·조정인의 존재는 당사자로 하여금 자신의 입장만을 고집하는 것이 아닌 다양한 의견이 존재하고 이를 인정하도록 하는 환경을 만든다. 즉, 당사자의 개별적 관심사에서 화해·조정 참여자 모두의 관심사로 초점을 전환하는 출발점이 될 수 있다. 더불어 창조적 대안을 모색하는데도 화해·조정인이 기여할 수 있다. 특히 사익과 공익 간의 균형을 맞춘 대안을 모색하는 데 있어 중립적 제3자인 화해·조정인은 분쟁당사자들이 보지 못하는 새로운 아이디어를 제공할 수 있다.

3. 화해·조정은 어떠한 조건에서 성공적으로 진행될 수 있는가?

모든 분쟁을 화해·조정으로 해결할 수는 없다. 일정 정도의 조건이 갖추어졌을 때 화해·조정은 성공적으로 진행될 수 있다. 화해·조정이 성공적으로 진행되기 위한 최소한의 요건은 다음과 같다.

(1) 화해·조정에 대한 자발성과 동의가 필요하다

화해·조정은 분쟁당사자를 분쟁해결의 주체로 보기 때문에 당사자의 분쟁해결에 대한 의지와 자발적 헌신을 필요로 한다. 당사자 간 관계가 악화되어 있는 등 협상이 더 이상 진행되기 어려운 상황에서도 당사자들이 상대의 협력이 반드시 필요하다는 인식이 있어야 한다. 당사자들이 제3자의 도움을 받아서라도 상대방과 대화를 통해 분쟁과 문제를 해소하려는 인식과 의지가 필요한 것이다. 이러한 맥락에서 화해·조정 절차의 개시를 분쟁당사자 모두가 사전에 동의하는 것이 필수적이다.

(2) 화해·조정인의 중립성이 유지되어야 한다

화해·조정이 성립되기 위해서는 화해·조정인의 개입과 활동을 당사자들이 기꺼이 받아들여야 한다. 이때 화해·조정인의 중립성은 당사자들의 화해·조정인에 대한 신뢰와 직결되는 문제이기 때문에 화해·조정인의 중립성이 의심받을 경우 화해·조정 절차가 진행되기 어려울 수 있다. 화해·조정인은 당사자들이 모두 동의하는 절차를 설계하고 관리하는 역할을 한다. 구체적으로 당사자들이 자신이 중요시하는 이해관계를 파악하고, 스스로 감정을 조절하고 직면한 문제와 실익에 집중할 수 있도록 유도해야 하는데, 이 경우 화해·조정인의 중립성이 의심받으면 화해·조정 절차는 진전되기 어렵다.

(3) 문제해결의 자율적 해결 의지가 있어야 한다

화해·조정에서 분쟁해결의 주체는 당사자이므로, 화해·조정 과정에서 대부분의 결정권은 당사자에게 있다. 화해·조정인의 도움을 받아 절차를 진행하지만, 당사자들이 스스로 분쟁에 관해 이해하고 해결책을 찾아내야 하는 것이다. 합의를 할 것인지 말 것인지에 대한 최종 결정권 또한 당사자가 가지며, 이러한 자율성이 있어야만 그 결정에 따른 실행력이 높아질 수 있다. 화해·조정인이 창의적 문제해결에 도움을 줄 수 있지만, 궁극적으로는 모든 당사자가 만족할 수 있는 창의적인 해결방법을 찾고 합의에 이르는 것은 당사자들의 몫인 것이다. 결국, 상대방의 존재를 인정하고 상호이익을 추구하려는 의지와 노력이 없다면 화해·조정은 성공적으로 진행될 수 없다.

4. 화해·조정의 특성

화해·조정은 중립적 제3자의 개입을 통해 당사자의 자율적 문제해결을 돕는 과정이다. 이러한 의미에서 화해·조정은 "협상 과정의 확대와 정교화"라 부르기도 한다. 그러나 화해·조정을 협상의 단순한 확장으로만 이해한다면 부족하다 할 것이다. 협상과 화해·조정의 기본적인 차이는 협상이 분쟁에 이해관계가 있는 당사자 간 (양자 혹은 다자) 구도라면, 화해·조정은 이해당사자와 근본적으로 성격을 달리하는 제3자(화해·조정인)의 개입으로 협상 구도가 다차원적인 구조로 개편된다는 점이다. 협상은 협력을 통해서든 경쟁을 통해서든 자신의 이해관계를 극대화하려는 이해당사자로만 협상테이블이 구성되지만, 화해·조정은 오로지 당사자 간 합의형성을 목적으로 하는 제3자가 개입함으로써 협상테이블이 입체적으로 구성된다고 할 수 있다. 이러한 다차원적 구도는 협상 과정을 새로운 방향으로 추동하게 하는 원동력이 될 수 있다. 이러한 의미에서 화해·조정에서 화해·조정인이 어떠한 역할을 수행하는가는 매우 중요한 과정적 요인이 된다.

III. 화해·조정인의 역할과 역량

1. 화해·조정인의 역할

화해·조정의 성공 여부는 화해·조정인이 분쟁해결 과정을 얼마나 효율적이고 효과적으로 관리하고 이끄느냐에 따라 결정된다 해도 과언이 아니다. 이러한 이유로 화해·조정인은 분쟁해결 과정에서 상황에 부합하는 역할을 찾아내고 이를 적절히 수행할 수 있는 역량을 갖추어야 한다. 분쟁해결 과정에서 화해·조정인이 수행해야 할 주요 역할은 다음과 같다.

(1) 분쟁해결 절차의 설계 및 관리자

화해·조정은 본래 분쟁해결 절차를 설계하고 관리하는 것을 중립적 제3자인 화해·조정인에게 위임하는 것을 의미한다. 이러한 의미에서 화해·조정인의 가장 기본적 역할은 당사자들이 모두 동의하는 분쟁해결 절차를 설계하고 관리하는 것이라 할 것이다. 통상 당사자들이 문제해결을 위해 본격적인 협의 단계에 들어가기 전에 화해·조정인은 화해·조정이 어떠한 과정을 통해 진행되는가를 당사자들에게 설명하게 되는데, 이때 화해·조정인이 설계한 분쟁해결 절차가 중립적이고, 투명하며, 공정하다는 점을 확신시켜야 한다. 동시에 화해·조정 진행 과정에서 당사자들이 설계된 절차를 준수하도록 관리하는 역할도 화해·조정인의 몫인 것이다.

(2) 문제해결의 촉진자

화해·조정의 궁극적 목적은 당사자 간에 존재하는 쟁점을 해결하는 데 있다. 이러한 의미에서 화해·조정인은 당사자 간 합의 모색을 촉진하는 역할을 해야 한다. 구체적으로 분쟁의 원인을 식별하고, 논의할 의제의 목록을 작성하고 우선순위를 선정하며, 분쟁당사자들의 입장뿐 아니라 이해관심사도 공유하여 상호 수용 가능한 대안을 도출하는 작업을 당사자들이 능률적으로 수행할 수 있도록 돕는 역할을 한다. 대안은 분쟁당사자들이 토의과정에서 제안할 수도 있고, 화해·조정인이 당사자들을 대신하여 대안을 제안할 수도 있다. 더불어 화해·조정인은 분쟁당사자들이 수용 가능한 대안을 모색하는데 도움이 되는 외부 역량을 동원할 수 있어야 한다. 전문성이 요구되는 진단과 분석이 요구되는 경우 외부전문가의 조언을 구할 수 있도록 하며, 필요한 경우 분쟁당사자들이 전문가와 함께 공동사실조사를 진행할 수 있도록 해야 한다.

(3) 의사소통 매개자

화해·조정인은 현격한 입장의 차이나 감정적 대립 등으로 인해 분쟁당사자 간 대화나 협의가 단절된 상태에서 개입하게 되는 경우가 많다. 이러한 경우 무엇보다도 화해·조정인은 먼저 당사자들이 감정을 다스리도록 도와주고 더 나아가 진정으로 무엇 때문에 대립하는지 근본적인 원인과 이해관계에 집중하도록 도와주어야 한다. 분쟁당사자들은 동등한 수준의 대화 능력이나 인지 능력, 협상 능력, 정보수집 및 분석 능력 등을 갖고 있지 못한 경우가 많다. 따라서 분쟁당사자들이 충분한 정보수집과 효율적이고 효과적인 대화와 협상을 할 수 있도록 화해·조정인은 조력할 수 있는 역량을 갖고 있어야 한다.

- 분쟁해결 절차의 설계자(desinger)
- 의사소통 통로의 개설자(opener)
- 분쟁당사자들의 이해관계 인정자(legitimizer)
- 절차의 관리자(process manager)
- 창의적 대화 및 협상기법 교육자(trainer)
- 분쟁해결에 필요한 (인적, 물적) 자원의 확장자(resource expender)
- 문제해결 탐색자(problem solving explorer)
- 객관적 한계의 전달자(agent of reality)
- 분쟁당사자 간 관계 개선 촉진자(facilitator)

2. 화해·조정인의 자질과 역량

화해·조정인은 화해·조정 과정에서 중요한 역할을 수행한다. 이러한 이유로 화해·조정인은 남다른 자질과 기법에 대한 역량을 구비하고 있어야 한다. 우선, 화해·조정인에게 요구되는 자질로는 인내심과 자기 통제력이다. 화해·조정은 통상 분쟁 과정에서 격화된 감정을 누그러뜨리는 일부터 시작하게 된다. 감정이 격해지면 많은 경우 상대방의 이야기는 듣지 않게 되고, 자신의 입장만 고집하게 된다. 화해·조정인은 계속해서 반복되는 당사자들의 감정 섞인 격한 말을 들으며 좌절감을 맛보게 되는 경우가 많다. 화해·조정인은 이러한 상황에서도 당사자들의 주장 이면에 존재하는 이해관심사를 찾아내기 위해 자신의 감정을 통제하고 인내하며, 당사자들이 하는 말을 끝까지 들을 준비가 되어 있어야 한다.

둘째, 편견과 선입견 없는 공정한 자세이다. 화해·조정인은 쟁점 사안에 대한 자신의 판단을 가지고 있을 수 있다. 그리고 화해·조정 진행 과정에서 옳고 그름에 대한 판단이 생길 수 있다. 또한, 당사자들의 진술을 들으며 어느 일방의 입장이나 의견이 변해야 한다는 생각이 들 수도 있다. 그러나 화해·조정인은 화해·조정의 목표가 옳고 그름을 판단하는데 있지 않다는 점에 유념하고, 있는 그대로 이해하고 존중하는 자세를 가지도록 노력해야 한다. 화해·조정인이 어느 일방의 편을 들고 있다고 분쟁당사자가 느끼게 된다면 화해·조정의 진행은 더 이상 기대하기 어렵기 때문이다.

셋째, 절차와 규칙을 집행하는데 있어서는 단호해야 한다. 분쟁당사사들은 화해·조정 과정에 임하기 전에 문제해결을 위한 여러 방법을 시도해 보았지만 실패한 상태로 적대적 감정은 누적된 상태라 할 수 있다. 사전에 분쟁당사자들에게 화해·조정 과정에 대한 충분한 설명을 하고 화해·조정에 돌입했다 하더라도 적대적 태도가 표출되어 화해·조정 절차의 진행이 어려울 수가 있다. 이를 위한 대처방안으로 화해·조정인은 분쟁당사자와 함께 진행규칙을 만들어 분쟁당사자 스스로가 준수할 수 있도록 통제할 필요가 있다. 이 경우 화해·조정인은 분쟁당사자를 통제하기 위함이 아니라 화해·조정 과정을 통제하기 위함을 명료하게 전달해야 한다. 분쟁당사자로 하여금 합리적인 해결방안을 도출하도록 돕기 위해서라도 절차와 규칙을 단호하게 준수하게 하는 것이 화해·조정인의 중요한 임무라 할 것이다.

반면, 화해·조정인이 효율적으로 화해·조정 과정을 진행하기 위해서는 다양한 기법을 활용할 수 있는 역량이 필요한데, 무엇보다도 정보수집 및 분석 능력과 의사소통 능력이 필요하다. 정보수집은 화해·조정이 의뢰된 후 화해·조정인이 수행해야 할 가장 기본적 사안이라 할 수 있는데, 여기서 정보는 특정 분쟁과 관련이 있는 이해관계자는 누구인가, 대립하는 쟁점은 무엇이고, 우선순위는 어떠한가, 분쟁이 진행되어 온 역사와 환경

등이 주로 포함된다. 정보는 분쟁당사자를 면담하거나 문헌이나 신문자료 등 다양한 방법으로 수집될 수 있는데, 이를 충실히 수행하기 위한 화해·조정인의 근면한 자세와 더불어 효율적 정보수집 능력이 필요하다. 또한, 수집된 정보를 분석하는 능력도 요구되는데 갈등영향분석 기법이나 상황판단 분석기법 등 다양한 분석기법의 활용 능력이 요구된다.

효율적 의사소통 기법도 화해·조정인에게 요구되는 중요한 능력 중 하나이다. 적극적 듣기, 중립적인 표현으로 바꾸어 말하기, 요약하기, 효과적으로 질문하기, 분위기 전환하기, 속도 조절하기 등을 능수능란하게 구사할 수 있어야 한다.

분쟁해결 과정에서 화해·조정인이 유의해야 할 원칙

1. 화해·조정인은 촉진자이지 심판관이 아니다.
2. 분쟁당사자들의 이해관계를 만족시키는 방법으로 분쟁을 해결한다.
3. 화해·조정은 대립적 욕구와 쟁점에 대한 평화적 문제해결 방식이다.
4. 화해·조정은 과거보다는 현재의 문제해결과 미래 관계에 초점을 맞춘다.
5. 분쟁에는 감성적 요소가 있다는 점을 수용하고 이에 주목한다.
6. 화해·조정은 비용과 시간 절약적 분쟁해결 방식이어야 한다.
7. 화해·조정은 합의도출 이상의 종합적 과정이다.

Ⅳ. 화해·조정의 유형

분쟁에 화해·조정인이 개입하게 되면 불가피하게 분쟁 구조가 당사자 간 양자 구조에서 양 당사자와 화해·조정인 3자 구조로 전환되게 된다. 이로 인해 분쟁의 해결도 일차원적 양자 구조에서 이차원적 3자 구조, 구체적으로 기존의 구도에 화해·조정인의 역할에 대한 당사자들의 기대라는 새로운 축이 생성될 수 있다. 이러한 구도의 변화는 화해·조정인의 역할과 특성에 따라 촉진형, 평가형, 판정형, 전환형으로 화해·조정을 구분하여 유형화할 수 있도록 한다.

1. 화해·조정 활동의 기본은 '촉진'이다

화해·조정인의 기본 역할은 당사자들이 상호 수용가능한 해결책을 탐색하고 합의에 도달하도록 과정을 설계하고 진행하는 것이다. 이러한 의미에서 촉진형 화해·조정은 노동위원회를 비롯하여 대부분의 화해·조정 활동에서 보편적으로 받아들어지는 방식이라 할 것이다. 화해·조정인은 분쟁해결 과정의 설계와 관리에 초점을 두고, 당사자들은 분쟁해결 결과에 책임진다는 화해·조정의 원칙에 충실한 방식이 촉진형 화해·조정인 것이다. 이러한 화해·조정 방식은 당사자 주도의 상생(win-win) 협상 기법을 최대한 활용할 수 있다는 점에서 적극적으로 활용되고 있으며 권장되고 있다.

촉진형 화해·조정은 당사자 간 협상이 미진하거나 의견 차이가 여전히 큰 상황이지만 화해·조정을 통한 분쟁해결 의지는 있고, 이로 인해 화해·조정에 대한 기대가 높은 경우 효과적이다. 이러한 상황은 화해·조정인이 통상적으로 직면하는 경우로 당사자 간 합의 타결을 위한 화해·조정인의 적극적 촉진 활동이 요구되는 경우라 할 것이다. 화해·조정인은 자신의 의견을 조언이나 의견이라는 형태로 제안하지만, 대안에 대한 화해·조정인의 판단이나 평가는 자제하는 것이 일반적이다(촉진형의 경우 '만약 이 건을 법원으로 가져간다면 어떤 결과가 될 것'이라는 식의 말은 되도록 하지 않음). 더 나아가 당사자들이 직접 결과에 합의하도록 유도하고, 당사자 대리인의 영향력은 최소화하는 방향으로 화해·조정이 진행되도록 노력한다.

촉진형 화해·조정은 당사자 간 협의가 미진하고 의견 차이가 여전히 큰 상황임을 고려하여 통상 단계적 접근을 도모하게 된다. 이 과정에서 쟁점에 대한 과학적 분석을 바탕으로 우선순위에 근거하여 쟁점의 수를 줄이거나, 화해·조정에서 해결할 사안과 화해·조정 이후 장기적 관점에서 자율적으로 해결할 사안을 분리하거나, 아니면 쟁점을 통합하는 방식으로 핵심 쟁점을 도출하고, 핵심 쟁점을 중심으로 타협과 절충 및 실리와 명분의 교환 등의 다양한 기법이 활용될 수 있다. 조직 내적 문제로 인해 일방 당사자가 합의를 주저할 경우 합의의 명분과 내부 설득 근거로 활용할 수 있도록 권고안을 제시하여 교섭을 촉진할 수도 있다. 더불어 공동회의와 개별회의 심지어는 대표자 간 비공식회의 등 소통 채널을 다양화하고 이를 통해 상호 수용 가능한 대안을 탐색하는 것도 자주 사용되는 촉진 활동 기법이라 할 것이다.

2. 대안에 대한 객관적 '평가'도 화해·조정 활동의 중요한 일부 이다

평가형 화해·조정은 당사자의 기대치를 변경시켜 타협점을 찾게 하는데 초점을 맞춘 방식이다. 합의에 대한 최악의 대안(WATNA, Worst

Alternative to a Negotiated Agreement)을 제시하여 각 당사자의 기대 수준을 낮추어 양보를 얻어내는 것이다. WATNA는 합의를 도출하지 못하고 결렬되었을 때 당사자들이 직면하게 될 최악의 결과를 뜻한다. 평가형 화해·조정은 통상 당사자들의 이해관계보다 법률적 타당성을 검토하여 문제점을 제시하고, 화해·조정인 자신의 해법을 제안하는 방식으로 진행된다.

당사자의 주장 진술 → 당사자의 요구사항 개진 → 양측의 주장에서의 문제점 발견 → 이해관계보다 법률적 타당성 검토 → 개별회의 개최(양보불응 시 피해 강조, 문제점 부각으로 양보 권장 또는 압박) → 조정 수용 또는 결렬

평가형 화해·조정은 법원에서 판사들이 하는 화해·조정 방식을 본뜬 것이다. 법원이 강제한 화해·조정이나 법원에서 진행하는 화해·조정이 흔히 이와 같은 방식이다. 화해·조정인은 각 측의 주장에서 잘못된 부분이나 약점을 지적하고, 나아가서 법원의 판결이 최종적으로 어떻게 날 것이라고 예측함으로써 타결을 유도한다. 당사자들의 욕구나 이해관계보다는 법률적 권리 의무에 치중하며 법률상 공정한 것이 어떤 것인가를 판단의 기준으로 삼는다.

평가형 화해·조정에서 화해·조정인은 개별회의를 통해 각 당사자와 그 대리인을 만나는 경우가 많다. 당사자만 만나는 경우도 있지만 대개 대리인과 함께 만나거나 대리인만 만나기도 한다. 이때 화해·조정인은 공식적이든 비공식적이든 스스로 해결안을 제안하는 데 주저하지 않는다. 이 경우 화해·조정인은 당사자와 그 대리인이 법원으로 갈 때 법률적 입장과 손익을 계산하는 데 도움을 주는 반면 촉진을 통한 당사자 간 창의적 합의 모색에는 별로 관심을 갖지 않는다. 평가형 화해·조정인은 해당 분쟁에

관해 충분한 법률 지식을 가지고 있는 것을 전제로 하기 때문에 대개 변호사가 맡는다.

3. 화해·조정인도 필요하면 최종적 화해·조정안을 제시할 수 있다

판정형 화해·조정은 당사자 간 협의가 충분히 이루어지고 쟁점에 대한 명확한 이해와 입장을 공유한 상황에서 당사자들이 서로 마지막 양보를 주저하는 경우에 효과적으로 사용될 수 있다. 이와 더불어 당사자들이 이러한 상황을 타개하고자 화해·조정인의 적극적 역할을 기대하는 경우에 활용될 수 있다.

판정형 화해·조정은 일반적으로 화해·조정인이 화해·조정안을 제시하고 당사자들을 설득하는 방향으로 진행된다. 판정형 화해·조정이 효과적으로 작동되기 위해서는 우선 화해·조정인이 쟁점에 대해 충분히 분석하고 이를 바탕으로 수용 가능한 화해·조정안을 제시할 수 있어야 한다. 다음으로 제시된 화해·조정안에 기초하여 당사자들을 효과적으로 설득할 수 있는 다양한 기법 활용 능력이 있어야 한다.

판정형 화해·조정은 조정안을 제시하고 이를 바탕으로 당사자들을 설득한다는 측면에서 촉진형 화해·조정 등 여타의 방식과 연결하여 활용되는 경우가 일반적이다. 현실적으로 화해·조정의 초기 단계부터 판정형 화해·조정 방식이 활용되는 경우는 매우 드물며, 지양되어야 한다. 판정형 화해·조정은 분쟁을 해결하겠다는 의지와 조건이 무르익었다고 판단될 때, 특히 화해·조정 합의에 대한 조건이 성숙되었다고 판단될 때 활용하는 것이 효과적이다.

4. 당사자 간 관계변화를 유도하는 전환형 화해 · 조정

전환형은 신뢰를 바탕으로 당사자 간 관계변화를 시도하려는 화해 · 조정 방식이다. 전환형 화해 · 조정이 성공하기 위해서는 (1) 분쟁당사자들이 가능한 한 많은 권한을 가지고, (2) 상대방의 욕구, 이해관계, 가치관, 관점 등을 인정하는 것이 전제되어야 한다. 이러한 전제를 바탕으로 화해 · 조정인은 분쟁 중인 두 당사자가 상대방과의 관계를 변화시키는데 초점을 둔다. 따라서 합의나 결과는 화해 · 조정의 부산물이시 최종 목표로 보지 않는다.

전환형 화해 · 조정에서 화해 · 조정인은 화해 · 조정의 전 과정에서 당사자들을 이끌어가기보다는 뒤따라가며, 제안에 대한 평가를 내리거나 대안을 제시하는 것보다는 당사자가 선택하는 것을 지원하고, 당사자의 능력 향상(empowerment)과 상대방의 인정(recognition)을 중요시한다. 전환형 화해 · 조정은 당사자 간 관계변화에 중점을 두기 때문에 주로 당사자 전원이 참여하는 전체 회의를 통해 화해 · 조정을 진행하며 개별회의 활동은 되도록 자제한다.

전환형 화해 · 조정은 당사자 간 자율적 해결 의지가 낮아 상호 협의가 미진할 뿐 아니라 당사자 간 의견 불일치가 심각한 수준에 머물러 있는 상황에서, 화해 · 조정을 통한 분쟁해결 의지도 적어 화해 · 조정에 대한 기대도 낮은 경우 주로 활용된다. 전환형 화해 · 조정은 통상 화해 · 조정인이 쟁점 해소를 위한 직접적 개입은 최소화하고, 당사자 간 자율적 해결을 탐색할 수 있도록 구조와 환경의 개선 및 전환에 초점을 맞춘다. 실질적인 협상이 진행될 수 있도록 협상 외적 요인 제거를 위한 소통 공간 및 시간의 확보, 당해 사건 외적 다툼과 조정 쟁점 간의 분리와 대안 모색, 당사자 간 관계가 문제라면 관계 개선을 위한 다양한 채널(예를 들어, 배후에 존재하는 실질적 최고 의사결정자 간 소통 방안 제시 등) 확보 등 다양한 기법이 활용될 수 있다.

전환형 화해·조정은 기본적으로 당사자들의 자율적 분쟁해결 의지를 제고하기 위한 것으로 당사자들의 협상에 대한 인식 전환을 촉구하는 다소 공격적인 언술이 활용될 수 있다. 반면 전환형 화해·조정은 협상을 둘러싼 상황에 대한 객관적 정보의 제공 및 교착 상황에 대한 비용과 협상 타결의 편익 간 비교 등 다양한 정보와 분석을 제공하는 자문적 조정 (advisory mediation)에 머물 수 있다.

5. 맞춤형 화해·조정 방식의 선택과 설계

화해·조정은 당사자 간 협상을 촉진하여 타결에 이르도록 하기 위한 것으로 화해·조정인과 당사자 간의 상호작용 과정이라 할 수 있는바, 화해·조정의 진행 상황에 따라 화해·조정 방식은 달라질 수 있다. 따라서 화해·조정의 전체 과정을 설계하고 이에 부합하는 화해·조정 방식을 선택하는 것이 매우 중요하다. 필요에 따라서는 2개 이상의 화해·조정 방식을 혼합한 다양한 형태의 혼합형 화해·조정 방식도 활용될 수 있는데, 상황에 따른 화해·조정방식의 선택과 더불어 다양한 화해·조정방식의 혼합적 사용 능력도 필요하다.

맞춤형 화해·조정 방식의 선택 및 설계는 통상 다음과 같은 단계로 진행되는데, 사안에 대한 조사 및 분석 → 화해·조정 전략의 선택 → 화해·조정 절차의 설계 및 역할 분담 → 화해·조정 실행 → 평가 순서로 진행된다. 이러한 의미에서 화해·조정 단계별 적절한 화해·조정 방식 및 기법의 활용이 요구되는바, 이를 위한 탐색과 실천이 매우 중요하다.

V. 화해·조정 4단계 과정

화해·조정 과정은 통상 화해·조정 동의단계 – 사전 조사단계 – 실행단계 – 화해·조정 이후 단계로 구분될 수 있다. 화해·조정 과정을 단계별로 구분하는 이유는 단계별로 화해·조정인에게 부여된 고유한 과제가 존재한다는 것을 의미하는 것으로, 각 단계별로 부여된 과제를 효율적이고 효과적으로 실행할 때 화해·조정의 전 과정이 성공적으로 진행될 수 있다.

1. 화해·조정 1단계 – 동의단계

화해·조정 동의단계는 화해·조정의 시작을 알리는 단계로 아마도 화해·조정의 성공 여부를 결정짓는 가장 중요한 단계일 수 있다. 화해·조정은 분쟁의 양 당사자 또는 일방의 당사자로부터 특정 화해·조정인(팀)에게 화해·조정을 의뢰함으로써 시작된다. 이는 화해·조정의 정당성과 관련된 것으로 화해·조정인(팀)이 분쟁의 모든 당사자의 합의로 조정을 의뢰받으면 문제가 없으나, 분쟁의 한쪽 당사자로부터 화해·조정 의뢰를 받으면 나머지 당사자로부터 이러한 사실을 알리고 이들로부터 화해·조정 동의를 밟은 절차를 반드시 거쳐야 한다.

그러나 화해·조정이 제도화된 일부 영역에서는 어느 일방이 화해·조정을 신청함으로써 화해·조정이 진행되는 경우도 있다. 예를 들어, 노동위원회와 같은 다수의 행정형 ADR 기구의 경우 일방의 분쟁당사자가 화해·조정을 신청하면 화해·조정이 진행되는데, 이 경우 화해·조정의 정당성 측면에서 약간의 문제점을 안고 시작하게 되는 것으로 화해·조정을 통한 분쟁해결의 가능성도 그만큼 낮아지게 될 수 있다.

화해·조정 동의단계의 또 하나의 주요한 과제는 분쟁 상황에 부합하는 화해·조정인(팀)을 선임하는 것이다. 통상 3인 이상의 화해·조정인으로 구성되는 위원회가 만들어진다. 화해·조정 활동 측면에서 위원회 구성에 있어 가장 중요한 요소는 '중립성'을 확보하는 것이다. 중립적 구성과 더불어 화해·조정 과정에서 위원회는 공적 대표로서 객관적 시각을 견지하는 '독립성'도 요구된다. 더불어 신뢰성과 적극성도 위원회 구성에 있어 요구되는 핵심 덕목이다. 예를 들어 당해 분쟁 사안을 잘 알고 있는 사람이 위원으로서 역할을 하는 것이 분쟁당사자들을 설득하는 데 수월할 수 있다. 또한, 종종 위원회 구성에 있어 소홀히 취급되는 것이지만, 사안을 분석하는데 있어 충분한 시간을 할애하고 당사자 간 합의형성이라는 지난한 과정을 인내심을 갖고 동행할 의지도 갖고 있는 사람으로 구성하여야 한다.

2. 화해·조정 2단계 – 사전 조사단계

사전 조사는 화해·조정위원회 위원들이나 특별히 선임된 조사담당자에 의해 수행되며, 분쟁당사자들을 대상으로 면담을 진행하면서 시작된다. 당해 사건의 주요 현황 및 정보수집 그리고 쟁점 사항을 파악하게 되는데, 이 과정에서 쟁점 사항을 목록화하고 쟁점 사항에 대한 당사자들의 입장과 그 이면에 존재하는 이해관계 등을 탐색한다. 쟁점 사항에 대한 입장과 이해관계 파악 후 화해·조정 회의에서 집중적 다룰 핵심 쟁점을 도출하게 되는데, 이 과정에서 부수적인 쟁점 사항으로 분류되는 사안은 분쟁당사자가 자율적으로 합의하도록 하거나 철회하도록 유도한다(종종 조정받고자 하는 쟁점 사항을 당사자가 제출토록 함으로써 핵심 쟁점을 식별하는 기법이 사용된다).

화해·조정 활동 측면에서 사전 조사단계는 화해·조정위원회와 당사자 간 '우호적 관계를 구축'하는 시기라 할 것이다. 이를 위해 화해·조정 절차나 원칙 등 화해·조정과 관련 제반 사항을 자세하게 설명하고 분쟁당사자가 준비해야 할 사항들에 대해 주지시킴과 더불어 화해·조정위원회가 당해 분쟁의 해결에 있어 깊은 관심과 전문성을 갖고 있다는 점과 화해·조정을 통해 해당 분쟁이 합리적으로 해결될 수 있다는 기대를 주어야 한다. 사전 조사단계에서 요구되는 화해·조정 기법은 '경청'으로, 당사자들이 주장하고자 하는 바를 충분히 이야기할 수 있도록 함과 동시에 주상하는 바가 화해·조정회의에서 효율적이며 효과적으로 다루어질 수 있도록 재구성하는 것이 필요하다.

사전 조사단계의 활동 결과는 조사보고서의 작성을 통해 표현된다. 조사보고서는 당해 화해·조정 사건의 쟁점을 파악하기 쉽도록 작성하는 것이 중요하다. 분쟁당사자들을 대상으로 한 면담과 자료수집을 바탕으로 당해 당사자의 주장이 명확하게 드러나도록 비교표로 작성하는 것도 바람직하다. 더불어 비교표 작성을 통해 드러난 쟁점을 큰 틀에서 유형화하고 우선순위로 서열화하며 당사자들의 주장 이면에 존재하는 이해관계를 식별하는 분석 결과도 조사보고서에 포함시키는 것이 필요하다.

화해·조정 활동 측면에서 질 좋은 조사보고서는 해당 사건에 대한 종합적이고 체계적인 접근을 가능하게 한다는 점이다. 무엇보다 해당 사건의 핵심 쟁점과 쟁점에 대한 당사자들의 주장 이면에 존재하는 이해관계를 파악함으로써 화해·조정회의의 효율성과 효과성이 제고되는 토대를 마련할 수 있다. 조사보고서 작성단계에서 요구되는 덕목으로는 '체계적 분석기법'으로 이를 위해 갈등영향분석 기법이나 상황판단 분석기법과 같은 다양한 기법이 동원될 수 있다.

3. 화해·조정 3단계 – 화해·조정회의 실행단계

화해·조정회의를 본격적으로 개시하기에 앞서 화해·조정위원회는 해당 사건에 대한 화해·조정 방식을 선택하고 설계해야 한다. 조사보고서를 바탕으로 해당 사건과 관련된 법적 규정이나 판례 또는 행정해석 등의 자료, 쟁점 사항에 대한 당사자의 입장과 이해관계, 당사자 간 교섭 진행 및 상호신뢰 정도, 화해·조정을 통한 합의형성 가능성 및 화해·조정에 대한 기대, 향후 쟁의행위 전망 등에 대해 종합적으로 고려하여 최적의 맞춤형 화해·조정 전략을 확정하고 필요한 경우 화해·조정위원 간 역할 분담도 진행하여야 한다.

화해·조정 활동 측면에서 화해·조정 전략 설계의 핵심 과제는 화해·조정 진행과 절차에 대한 '청사진'을 그려내는 것이다. 기실 화해·조정 활동의 성공/실패 여부를 결정짓는 가장 중요한 요소는 해당 화해·조정사건에 적합한 화해·조정 방식의 선택과 화해·조정 과정에 대한 설계에 있음에도 실제로는 밀도 있게 진행되지 않거나 심지어 건너뛰는 경향이 있는 것이 현실이다. 화해·조정 전략의 효과성을 담보하는 핵심 덕목은 화해·조정의 전 과정에 대한 종합적인 '설계 능력'으로, 이를 위해 화해·조정위원 및 조사담당자의 상호 협력이 매우 중요하다.

화해·조정회의 실행단계는 해당 조정사건의 전 과정에서 중심적 위치를 점하는 것으로, 화해·조정회의의 직접적 목표가 당사자 간 협의를 통해 합의를 도출하는 것이기 때문이다. 화해·조정회의는 필요에 따라 여러 번 개최되거나 중간에서 되돌아갈 수 있는데, 화해·조정회의는 통상 참여자 전체가 모인 자리에서 개회 선언 → 분쟁당사자 참석 확인 및 화해·조정위원 소개 → 당사자의 모두 발언 → 숙의 토론 → (필요 시) 개별회의를 위한 정회 선포 → 개별회의 진행 → 전체회의 속개 → 화해·조정 진행 방향에 대한 논의 및 다음 과제 확정 그리고 종료 등의 순서로 진행된다. 그러나 화해·조정회의의 핵심 목표가 당사자 간 의견 차이를 좁혀 합의에 도달하도록 하는 것으로, 합의도출을 위한 다양한 기법의 활용과 회의 진행 등을 화해·조정위원회와 분쟁당사자 간 합의를 통해 자유롭고 유연하게 진행하게 된다. 개별회의는 당사자 간 깊은 속내를 파악하여 합의 가능성을 탐색하는 유용한 수단으로 활용될 수 있는데 합의가능영역(ZOPA)의 탐색에 매우 유용하다.

화해·조정 활동 측면에서 화해·조정회의는 다시 2단계로 세분될 수 있는데, 화해·조정회의 1단계는 당사자 간 의견 차이를 확인하고 이를 좁히기 위한 기반을 다지는 의사소통에 초점을 맞추는 반면, 화해·조정회의 2단계는 화해·조정회의를 통해 제안된 다양한 대안을 하나의 패키지로 묶고, 이에 동의를 구하는 합의형성에 초점을 맞춘다. 의사소통 증진을 통해 당사자 간 의견 차이를 좁히기 위한 화해·조정 기법으로는 정보교환 방식에 문제가 있다면 이에 대한 새로운 방식으로 소통 채널을 변경하기, 쟁점과 관련하여 의견 차이가 존재한다면 쟁점 쪼개기, 통합하기, 교환하기 등의 방법으로 쟁점 전환하기, 협상 절차에 문제가 있다면 협상 절차를 재설계하기, 당사자 간 관계가 문제가 있다면 이를 돌파할 새로운 채널 확보하기 등 다양한 기법이 활용될 수 있다.

합의형성을 위한 보다 직접적인 활동으로 화해·조정안 초안을 제시하고 이를 수정/보완하는 작업이 진행된다면, 화해·조정 성립과 불성립 사이의 편익 분석(BATNA 분석), 조정안이 갖고 있는 공정성과 사회적 합리성 및 객관성 등의 근거 제시, 필요한 경우 유관 기관의 확약 등의 기법을 활용할 수 있다(임금인상 분쟁의 경우 조정위원회가 물가상승률, 사용자의 지불능력 및 영업이익, 동종업계의 임금 수준 등을 종합적으로 고려하여 조정안 초안을 제시하였음을 설득). 한편, 화해·조정안 초안 제시와 관련하여 주의해야 할 점은 분쟁당사자들이 화해·조정안 초안을 빨리 제시해 달라는 요구에 쉽게 굴복해서는 안 된다는 점이다. 화해·조정의 조기 종결은 당사자 간 자율적 합의 모색을 지원하는 화해·조정의 기본 원칙에 부합하지 않을 뿐 아니라 화해·조정 기간 연장을 통한 당사자 간 합의 가능성을 스스로 봉쇄하는 결과를 야기할 수 있기 때문이다.

화해·조정회의의 실효적 진행을 위해 요구되는 핵심 덕목으로는 쟁점을 관리하고 재구성하여 합의를 도출하는 '합의형성 능력'이라 할 수 있다. 합의형성을 위해 다양한 기법이 활용될 수 있지만, 합의를 도출할 수 있다는 화해·조정인의 적극적 태도와 열정적 활동이 무엇보다 중요하다 할 것이다.

4. 화해·조정 4단계 - 화해·조정 이후 단계

화해·조정회의가 최종 종료된 이후 화해·조정위원회의 핵심 과제는 화해·조정 결과를 모니터링하는 것이다. 화해·조정회의가 최종적으로 종료되면 화해·조정 합의든 불합의든 결과가 나오게 된다. 화해·조정 합의로 결론이 난다면 당연히 합의가 제대로 이행되고 있는가를 모니터링하는 것이 필요한데, 이 경우 통상 화해·조정위원회는 모니터링을 위한 시스템을 구축하는 문제도 화해·조정 합의의 일부 내용으로 포함시키게 된다. 반면, 불합의로 결론이 나더라도 화해·조정위원회는 화해·조정 이후의 상황을 지속적으로 모니터링할 필요가 있다. 분쟁당사자들이 사후 또는 새로운 화해·조정회의의 개시를 요구할 수 있기 때문이다. 예를 들어, 2022년에 활동한 가습기살균제 피해구제를 위한 조정위원회의 경우 조정 합의를 이끌어내지 못했음에도 불구하고 분쟁당사자 상당 부분이 조정위원회의 해산을 반대하여 존속하고 있다. 이 경우 조정위원회에 요구되는 핵심 덕목은 인내심이라 할 것이다. 조정을 통한 합의 가능성이 높아질 수 있는 상황변화가 있을 수 있기 때문이다.

또한, 화해·조정 이후 단계의 과제로 평가의 중요성도 부각되고 있는데, 특히 반복적 분쟁의 경우 평가는 더더욱 중요하다. 평가의 주요 내용은 무엇보다 해당 화해·조정사건의 결과에 대한 분석이 우선적이지만(특이점, 성공/실패 요인 분석 등), 화해·조정회의 종료 후 분쟁당사자 간 관계의 양상에 대한 모니터링과 분쟁당사자들의 화해·조정 서비스에 대한 만족도 등 다양한 측면에서 평가 활동이 진행될 수 있다. 다수의 화해·조정사건에 대한 자료수집과 비교 분석을 통해 교훈을 도출하는 것도 필요한 작업이다.

무엇보다 평가 작업은 미래의 화해·조정의 효율성과 효과성을 제고하기 위한 것으로, 특정 상황에 부합하는 고유의 '화해·조정모델' 구축과 지속적 개선 작업과 궤를 같이 하는 것이라 할 것이다. 그러나 현실에서는 평가의 중요성이 확고히 자리 잡지 못한 상황으로 이에 대한 체계적인 노력이 필요하다.

VI. 화해·조정 시나리오별 대응기법

화해·조정 활동의 기본은 분쟁당사자 간 합의도출을 촉진하는 것이다. 그러나 화해·조정이 합의안 도출까지 진행되는 경우도 있지만, 상당 부분 합의안 도출까지 진행되지 못하는 경우도 많다. 우선, 화해·조정이 진행 과정에서 중단되는 경우는 3가지로 구분될 수 있는데, 첫째는 화해·조정위원회가 스스로의 판단으로 화해·조정 진행 도중 화해·조정 과정을 중지하는 것이고(화해·조정 중지), 둘째는 분쟁당사자들의 자율적 합의도출로 인해 화해·조정이 중단되는 것이며(합의 취하), 마지막으로 분쟁당사자 일방이 일방적으로 화해·조정에서 철수하거나 중단을 요구하는 경우이다(일반 취하). 또한, 화해·조정이 좀 더 진행되어 화해·조정안 초안은 도출하였으나 합의에 이르지 못하는 경우(화해·조정 불성립)와 합의에 이르는 경우(화해·조정 성립)가 있을 수 있다. 각각의 경우 화해·조정위원회는 이에 부합하는 대응 전략과 기법을 수립하여 화해·조정의 효율성과 효과성 제고에 기여해야 한다.

1. 화해·조정 시나리오 1 – 화해·조정 중지

통상 화해·조정위원회는 화해·조정에 대한 중지를 선언하는 것을 달가워하지 않는다. 그 이유는 화해·조정 절차를 설계하고 이를 완수하는 것이 화해·조정위원회의 기본 임무이기 때문이다. 그러나 화해·조정 중지가 불가피한 경우도 있는데, 분쟁당사자가 화해·조정안 제시를 원하지 않거나 의견의 현격한 차이 등으로 화해·조정안 제시가 불가능하거나 화해·조정안을 제시하는 것이 향후 당사자 간 관계에 나쁜 영향을 미치게 될 것이 우려되는 경우라 할 것이다. 이러한 상황에서 화해·조정위원회는 화해·조정 활동을 자신의 조치로 종료하게 되는데 이를 화해·조정 중지라 한다. 화해·조정 중지를 결정·통보할 때에는 화해·조정 중지조치의 의미, 그러한 결정을 내리게 된 사유, 사후 화해·조정 서비스 활용 권고 및 향후 당사자 간 자율교섭을 통해 합의를 이루도록 당부하는 사항 등을 서면으로 통지하는 것이 바람직하다.

화해·조정 활동 측면에서 볼 때 화해·조정 중지는 합의도출은 물론 합리적 제안(조정안 초안)마저도 제시하지 않고 종료되는 것으로 표면석으로 매우 미흡한 결과라 할 수 있다. 이러한 경우 화해·조정위원회는 당사자 간 관계와 화해·조정위원회와 당사자 간 관계에 초점을 맞춰 화해·조정 활동을 마무리할 필요가 있다. 우선, 화해·조정 활동의 결과 당사자 간 관계가 상당 부분 개선된다면 화해·조정 중지 이후 당사자 간 자율적 교섭을 촉발할 수 있기 때문에, 당사자 간 상호이해와 관계개선에 초점을 맞추어 활동을 마무리할 필요가 있다.

다음으로 화해·조정위원회와 당사자 간 신뢰 형성에 초점을 맞출 필요가 있다. 화해·조정 중지 이후 당사자 간 합의 모색에 있어 화해·조정위원회의 긍정적 역할의 가능성이 확인되었다면, 사후 화해·조정을 신청하여 화해·조정을 통한 문제해결을 시도할 것이기 때문이다(예: 2023년 철도공사 노동쟁의 조정사례). 한편, 분쟁당사자 모두 또는 일방이 전략적 활용을 이유로 화해·조정안 제시를 요구함에도 화해·조정안을 제시하지 않고 화해·조정 중지를 결정하는 경우 화해·조정위원회와 당사자들 간에 긴장이 발생할 수 있는데, 이 경우 위원회가 화해·조정 합의를 위해 적극적으로 활동을 전개했다는 사실과 당사자 간의 커다란 의견 차이로 인해 위원회가 합리적인 대안을 찾지 못했다는 사실을 말로가 아닌 실천으로 충분히 설득해야 한다.

2. 화해·조정 시나리오 2 – 합의 취하

합의 취하는 당해 화해·조정사건의 전부 또는 일부 영역에서 분쟁당사자 쌍방의 의견이 충분히 접근되고 나머지 영역은 추후 자율적 교섭으로 합의를 모색하는 것으로 의견이 모아져, 더 이상 화해·조정을 진전시킬 필요가 없을 때 발생한다. 분쟁당사자 쌍방이 합의로 화해·조정에 대한 취하 의사를 표출하거나 취하서를 제출함으로써 당해 화해·조정사건은 종료되는 것이다.

화해·조정 활동 측면에서 볼 때, 합의 취하는 전부 또는 일부라 하더라도 화해·조정의 핵심 목표인 합의도출을 이룬 것으로 평가될 수 있는데, 화해·조정 활동이 성공적으로 종료된 것으로 볼 수 있다. 예를 들어, 노동위원회는 합의 취하를 화해·조정 성립으로 본다. 더 나아가 합의 취하는 화해·조정 성립보다 분쟁당사자들의 자율적 활동이 보다 적극적으로 구현된 것으로 볼 수 있어 당사자 간 관계 개선에도 직접적으로 기여할 것으로 평가할 수 있다.

반면, 합의 취하는 분쟁당사자가 향후에 해결해야 할 과제를 남겨 놓는 경우가 있다는 점에서 한계로 작용할 수 있다. 이는 새로운 분쟁을 야기할 수 있기 때문에 주의할 필요가 있는바, 합의 취하 후 분쟁이 다시 발생한다면 화해·조정 서비스를 활용해 해결할 수 있도록 화해·조정위원회가 적극적으로 안내하는 것이 필요하다.

3. 화해·조정 시나리오 3 – 일반 취하

일반 취하는 당해 화해·조정사건에 동의한 당사자 일방이 일방적으로 조정에서 철수하거나 중지를 요구함으로써 발생한다. 통상 분쟁당사자 일방이 취하서를 제출하거나 전체 회의에서 철수를 선언함으로써 당해 화해·조정사건은 종료되는 것이다. 한편, 노동위원회와 같은 일부 행정형 ADR 기구의 경우 화해·조정을 신청한 당사자만이 일반 취하를 신청할 수 있다. 일반 취하는 다양한 상황에서 발생하는데, 당사자 일방이 화해·조정이 공정하게 진행되지 못하고 있다고 판단할 경우, 화해·조정을 통한 합의가 불리하다고 판단하는 경우, 아니면 자율적 합의를 도출하는데 필요한 시간을 확보하고자 하는 경우 등 다양하다.

반면, 화해·조정을 촉진하기 위한 방편으로 분쟁당사사 일방(또는 일부 행정형 ADR 기구의 경우 화해·조정을 신청한 당사자)이 일부 쟁점을 조정 대상에서 제외하는 부분 취하도 가능하다. 이러한 상황 전개는 화해·조정 활동에 긍정적으로 작용할 가능성이 크다.

화해·조정 활동 측면에서 볼 때 일반 또는 부분 취하는 다양한 용도로 활용될 수 있는바, 화해·조정위원회는 상황에 맞게 대처하는 것이 필요하다. 그러나 일반 취하는 화해·조정을 통한 문제해결이라는 관점에서 볼 때 어떠한 문제도 해결하지 않고 회피하는 것으로 볼 수 있어 화해·조정위원회는 이를 회피하고자 노력할 필요가 있다. 구체적으로 화해·조정에 대한 일반 취하가 야기할 상황에 대해 화해·조정위원회는 분쟁당사자에게 진솔하게 이야기해 주어야 한다. 그리고 일반 취하 이외의 대안에 대해서도 조언해야 한다.

4. 화해·조정 시나리오 4 - 조정 불성립(조정안 거부)

분쟁당사자의 의견이 어느 정도 수렴되면 통상 합의안 초안을 화해·조정위원회가 제출하도록 요구되는 경우가 많다. 따라서 합의안 초안을 제시하면 이를 수락할 가능성이 있거나 향후 당사자 간의 자율적 타결에 도움이 된다고 판단하는 경우에는 화해·조정위원회는 합의안 초안을 제시하게 된다. 일단 합의안 초안이 제시되면 분쟁당사자들은 이를 수정 또는 보완하는 작업을 하게 된다. 그리고 최종적인 합의안 초안이 제시된 후에도 분쟁당사자들은 수락 또는 거부 중 하나를 선택할 수 있는데, 당사자 중 일방이 수락을 거부하여 더 이상 화해·조정이 이루어질 여지가 없다고 판단될 경우에 화해·조정위원회는 화해·조정 불성립을 결정하게 된다.

화해·조정 활동 측면에서 볼 때 합의안 거부는 합의도출은 되지 않았지만 화해·조정위원회가 합리적 화해·조정안을 제시함으로써 향후 당사자 간 자율적 교섭의 기준점으로 활용될 개연성이 있다는 데 의미를 찾을 수 있다. 이는 화해·조정위원회의 조정 활동의 성과로 일정 부분 평가받을 만한 것이다. 또한, 화해·조정 활동의 결과 위원회와 당사자 간 신뢰가 형성되었다면 사후 조정으로도 이어질 가능성도 있다.

한편, 화해·조정안 거부가 당사자 중 어느 일방의 거부로 야기되었다면 이는 화해·조정안에 대해 분쟁당사자 중 어느 일방이 문제를 제기한 것으로 볼 수 있는바, 이 경우 화해·조정안에 대한 충분한 설명과 납득할 만한 근거 제시와 더불어 충분한 이해를 구하는 것이 필요하다. 반면, 화해·조정을 전략적으로 활용하는 것에 초점을 둔 당사자가 있을 경우 화해·조정안 제시가 과연 분쟁당사자 간 자율적 교섭에 얼마나 기여하게 될지는 검토가 필요하다.

5. 화해·조정 시나리오 5 – 조정 성립(조정안 수락)

분쟁당사자들의 의견이 충분히 접근된 상황에서 화해·조정위원회는 합의안 초안의 제시를 요구받게 된다. 더 나아가 화해·조정위원회가 합의

안 초안을 제시하고 이를 분쟁당사자 모두가 수락하게 되면 조정은 성립되는 것이다. 분쟁당사자들이 최종 화해·조정안에 대해 수락할 의사가 있는 것으로 확인되면, 조정서가 작성되고 화해·조정위원 전원 또는 단독 화해·조정인이 분쟁당사자와 함께 화해·조정서에 최종 서명·날인하게 되면 당해 분쟁은 화해·조정 성립으로 종료되는 것이다.

화해·조정 활동 측면에서 볼 때, 화해·조정안 수락은 화해·조정의 핵심 목표인 합의안 도출을 이룬 것으로 당해 화해·조정 활동은 성공적으로 높이 평가될 수 있다. 예를 들어, 화해·조정 성립은 노동위원회의 화해·조정 성과를 나타내는 핵심 지표로 쓰이고 있다. 아울러 성공적 합의안 도출로 인해 화해·조정위원회와 당사자 간 신뢰 형성은 물론 분쟁당사자 간 관계 개선에도 도움이 될 것으로 기대할 수 있다.

반면, 합의도출이 반드시 관계 개선 및 신뢰 형성으로 이어진다는 보장이 없는데, 특히 화해·조정 활동을 합의도출에 초점을 맞춘 나머지 관계 개선의 토대를 마련하지 못했다면 화해·조정이 성립되었더라도 성공적이라고 평가하기는 미흡한 측면이 있다 할 것이다. 이러한 의미에서 화해·조정 활동이 합의안 도출과 더불어 관계 개선 및 신뢰 형성에도 주목해야 할 것이다.

6. 모든 분쟁이 공적 화해·조정의 대상이 되는 것은 아니다

사적 화해·조정의 경우 해당 분쟁에 대해 분쟁당사자의 동의만 있으면 성립되지만 공적 화해·조정은 해당 공적 기관에 위임된 권한과 규칙에 부합하는 일정한 조건이 구비되어야 한다. 예를 들어 노동위원회의 경우 노사관계 당사자가 조정을 신청하더라도 해당 사건의 조정위원회는 행정지도라는 조치를 취할 수 있다.

구체적으로 행정지도는 당해 조정사건이 조정의 대상이 아니라고 인정되는 경우에 취해지는 조치로 중앙노동위원회는 행정지도 결정 기준으로 ① 당사자 부적격, ② 비교섭 사항, ③ 교섭 미진을 들고 있다(중앙노동위원회, 2018). 하지만 행정지도 결정을 내리게 될 경우, 그 사유와 다른 해결방법을 알려주어야 할 뿐만 아니라(노조법 시행령 제24조 제2항), 노동쟁의 조정제도의 취지상 다양한 서비스를 제공하는 것이 필요하다.

　이러한 의미에서 행정지도로 결정을 내리기 전에 조정을 신청한 당사자에게 조정을 취하하도록 안내하는 것이 바람직하다. 행정지도는 노동위원회의 행정적 결정으로 처리되지만 취하는 당사자의 자발적인 결정에 의해 조치가 취해지는 것이다. 행정지도 보다 취하를 권고하는 이유는 당해 조정사건이 행정지도보다는 취하로 귀결되는 것이 조정제도의 취지에 보다 부합할 뿐 아니라 자율적 노사관계의 증진에도 도움이 될 것이라는 추론에 바탕을 둔 것이다. 또한, 조정 취하로 인해 당해 사안이 더 이상 조정 절차를 활용할 수 없는 것이 아니기 때문에 실질적인 불이익도 전혀 없기 때문이다.

VII. 중재의 활용

1. 중재란 무엇인가

중재(仲裁, arbitration)는 '사적 재판'이라고도 불리는 ADR의 대표적인 방법으로, 당사자 합의로 중재인에게 해당 사안에 대한 결정권을 맡겨 최종적 해결을 도모히는 제도로 다양한 분야에서 활용되고 있다. 구체적으로 중재는 분쟁당사자가 그들 사이의 분쟁을 중재인의 판정에 따라 해결하기로 하는 합의를 하고, 이에 기초하여 중재인(arbitrator)이 행하는 판정 절차를 지칭한다. 중재는 분쟁을 강행적으로 해결하는 방법으로 당사자가 서로 양보하여 분쟁을 해결하는 화해·조정과 구별된다.

중재는 미국에서 가장 오랜 역사를 갖는 ADR 제도이다. 사적으로 진행되기도 하고 공적으로 진행되기도 하며, 중재 참가가 자발적인 것과 의무적인 것, 중재안의 효력에 구속력이 있는 것과 없는 것 등으로 나뉜다. 우리나라는 1966년에 중재법을 제정하여 법원의 확정판결과 동일한 효력이 있는 중재를 활용하도록 하고 있다.

중재를 활용한 노동분쟁의 해결도 다양한 영역에서 제도화되어 있다. 부당해고 등과 같은 개별적 노동분쟁의 경우 중재(노동위원회의 경우 심판)를 활용한 해결이 활성화되어 있다. 집단적 노동분쟁의 경우 노동조합법상 노동위원회가 조정과 더불어 중재를 통해 노동쟁의를 해결하도록 하고 있으며, 중재 제도의 한 형태인 긴급조정제도도 두고 있다. 심지어 근참법은 기업의 노사협의회가 의결사항을 의결하지 못한 경우 중재를 통해 해결할 수 있도록 하면서, 중재 결정이 있으면 노사협의회의 의결을 거친 것으로 보며 근로자와 사용자는 그 결정에 따르도록 하고 있다. 이 밖에도 기간제법이나 고용평등법 등에서도 노동위원회의 중재 결정을 통해 분쟁을 해결할 수 있도록 하고 있다.

2. 중재의 유형과 장단점

중재는 당사자 합의(중재합의)에 의하여 개시되는 것이 원칙이나 공공부문 등에 긴급한 상황이 있거나, 교원이나 공무원의 노동관계에 대하여는 공공기관의 결정이나 법률에 의하여 중재절차가 개시될 수 있다. 중재는 다양한 차원에서 정의할 수 있으나 중재 개시의 요건, 중재 기구의 공적 성격 및 위원회 구성, 분쟁의 특성 등에 따라 유형화할 수 있다.

우선, 중재가 당사자의 합의에 따라 개시되면 임의중재, 법률 등에 따라 직권으로 개시된다는 경우 직권중재로 구분하고, 중재 기구가 기관인가 아닌가에 따라 기관 중재와 비기관 중재로 구분하며, 중재인이 노동위원회와 같은 공적 기관인 경우 공적 중재, 민간에 의한 중재의 경우 사적 중재로 구분하며, 분쟁대상의 성격에 따라 노사 간 분쟁을 대상으로 하는 (집단) 노동 중재와 개별근로자와 사용자에 대한 분쟁의 경우 고용 중재로 구분할 수도 있다.

소송은 피고의 의사와 관계없이 원고에 의해 소송이 시작되지만, 중재는 '중재 합의'로 절차가 개시되고, 일단 중재판정이 이루어지면 최종적인 결정으로서 소송절차가 배제되어 분쟁을 신속하게 종결할 수 있다는 장점이 있다. 또한, 화해·조정의 경우 개시와 진행 및 중단 등 전 과정에 분쟁 당사자의 의사가 적극 반영될 수 있는 장점이 있는 반면, 중재의 경우 중재 결정으로 분쟁이 종료될 수 있기에 분쟁해결의 확정성이 크다는 장점이 있다. 또한, 중재는 극단적인 상황에서 lose-lose로 치닫는 위험을 회피하고 분쟁을 종결지을 수 있는 절차로서 충분히 활용 가능한 상생(win-

win)의 분쟁해결 수단이다.

반면, 중재는 일종의 재판으로서 중재에 대한 당사자 간 합의 외에 당사자 참여 가능성이 낮고, 중재의 결과가 재판을 대체하여 확정적 효력을 가지는 한편 특별한 흠이 없는 경우 이에 대한 이의제기도 제한된다는 점이 중재 절차의 단점으로 지적되기도 한다.

집단적 노동분쟁에서 노사 모두에게 치명적 부담을 지우게 되는 재판을 대신하여 조기에 분쟁을 종결하고 미래지향적 길로 갈 수 있는 분쟁해결 방식이 바로 중재라는 점에서 활용 가능성이 매우 높다고 할 것이다. 그러나 우리나라의 집단적 노동분쟁이 중재로 해결되는 사례는 매우 드물다. 실제로 노동위원회가 지난 10년간 처리해온 집단적 노동분쟁에 대한 중재 사건의 수가 손에 꼽을 정도로 희소하다는 데이터가 이를 증명한다. 더불어 공무원이나 교원들에게 단체행동권을 부여하지 않는 대신 노동위원회로 하여금 중재를 통해 당해 집단적 노동분쟁을 해결하도록 강제하고 있는 점은 중재 본래의 의미를 살리는 데 상당한 저해 요인으로 작용하고 있다.

3. 중재와 화해 · 조정의 혼합적 사용

중재는 전통적인 중재 외에 중재의 한계점을 해소하고 조정의 장점을 활용하기 위하여 혼합형 방식의 중재절차가 활용되는 경우가 많다. 가장 대표적인 형태가 조정 연계 중재(Mid-Arb) 제도이다. 동 절차는 궁극적으로 중재에 의하여 분쟁을 해결하는 절차이나, 중재 전 조정 절차를 거쳐 당사자 간 의사를 최대한 반영하고, 조정 기간 동안 합의를 하거나 조정인에 의해 조정안을 제시하고 이를 수락할 수 있는 절차를 거치되, 해당 절차가 모두 실패할 경우 궁극적으로 중재 재정으로 해결하는 제도이다.

  일종의 중재 활동인 노동위원회의 심판사건의 경우, 노동위원회의 판정이 나오기 전에 화해를 권고하거나 화해안을 제시할 수 있도록 하고 있으며, 공무원이나 교원의 집단적 노동분쟁의 경우 우선 조정을 진행하고 조정이 성립되지 않으면 자동적으로 중재에 회부되는 제도를 갖고 있다. 노조법 상 긴급조정도 조정 연계 중재의 일종으로 노동위원회의 통상적인 조정 절차를 통해서도 해결되지 아니한 쟁의행위에 대하여 고용노동부장관이 공익적 관점에서 중앙노동위원회 위원장의 의견을 들어 쟁의행위를 중지시키고 중앙노동위원회로 하여금 중재절차를 진행하여 평화적으로 노동쟁의를 해결하는 제도라 할 수 있다. 대한상사중재원의 국내 중재의 경우도 당사자 쌍방의 요청이 있는 경우 먼저 조정을 실시하고 조정이 성립하지 않으면 중재절차가 개시되는 것으로 하고 있는데, 이 또한 조정 연계 중재의 한 유형이라 할 수 있다.

  중재 연계 조정(Arb-Med)은 조정과 중재를 연속적으로 실시하는 면에서 조정 연계 중재(Med-Arb)와 같으나 그 순서를 달리하여 먼저 중재 절차를 실시하고 중재안의 공개 전 조정을 실시한다는 점에서 차이가 있다. 이는 같은 사람이 조정 연계 중재 절차를 진행하는 방식에서 야기될 수 있는 문제점을 극복하기 위해 미국 ADR에서 활용되고 있는 절차이다. 중재 연계 조정은 20세기 중반 미국의 노동분쟁 해결수단에서 기원하며, 조정 절차의 유연성(flexibility)과 중재절차의 최종적 성격(finality)을 결합했다는 점에 의의가 있다.

구체적으로 중재 연계 조정 절차에서는 먼저 중재인에 의한 중재 절차가 진행되어, 중재인이 중재안을 작성한 후 봉투에 넣고 봉하여 당사자에게 공개하지 않은 상태에서 조정 절차를 진행한다. 조정 절차에서 조정이 성립하면 그대로 사건이 종결되고, 조정이 성립하지 않으면 중재인의 중재안이 공개되어 그 내용에 구속되는 형태로 진행된다.

memo

Chapter

04.

노동법

04 노동법

이 정

Ⅰ. 노동법의 탄생 배경

인간이 삶을 유지하기 위해서는 최소한의 의식주를 확보해야 한다. 원시사회에서는 자급자족으로 이를 해결했다. 하지만 부족국가와 계급사회를 거쳐 근대사회로 발전하면서 재화와 용역의 공급이 분업화되면서 타인에게 의존하게 되었다. 이러한 과정에서 자본가와 노동자 계급이 자연스럽게 생겨나게 되었는데, 그 대표적인 것이 중세의 길드(guild) 조직이다.

산업혁명 초기의 길드는 주로 도시에서 일하는 목수나 직공, 대장장이와 같은 장인들과 상인들이 서로의 이익을 추구하기 위해 만들어진 단체였다. 그러나 산업화가 진행되어 대량생산체제로 전환하게 되면서 길드는 쇠퇴하고, 그 대신 공장근로자들인 비숙련공들의 권익을 보호하기 위한 노동조합이 출현하게 되었다. 최초의 현대식 노동조합은 산업혁명의 발상지라고 할 수 있는 영국에서 19세기 초에 결성되었는데, 이를 계기로 유럽 전역으로 확대되었다.

하지만 초기의 노동조합은 불법단체로 간주되었기 때문에 근로자들이 매우 열악한 환경 하에서 장시간 근로에 시달리고 있음에도 불구하고 그들의 권리를 지켜줄 수 있는 단체로서의 역할을 제대로 수행할 수 없었다. 결국 노동조합은 많은 투쟁과 희생을 치른 후에야 비로소 스스로 자기의 권리를 주장할 수 있는 합법적인 단체로 인정되기에 이르렀다. 나라별로 약간의 차이는 있을지언정 노동법 탄생의 배경에는 이와 같은 노동운동사가 있다.

우리나라도 예외일 수는 없다. 일제 강점기에는 일체의 노동운동이 금압되었으며, 1953년에 근로기준법과 노동조합법을 비롯한 노동기본법이 정비된 이후에도 경제성장을 우위에 두는 노동정책으로 인하여 노동기본권이 제한되는 시기도 있었다. 그러나 1987년 민주화선언을 계기로 소위 노동악법이라고 불리던 3금(禁)정책(복수노조금지, 제3자 개입금지, 정치활동금지)을 폐지하였고, 2010년에는 복수노조체제를 전격적으로 허용함으로써 어느 선진국에도 못지않은 노동법체계를 갖추게 되었다.

II. 헌법과 노동기본권

1. 시민법 원리의 수정

인류사회는 대개 고대·중세를 거쳐 근·현대사회로 진화되어 왔다. 이 중에서 특히 근대사회에서는 합리적 인간을 전제로 한 시민사회가 형성되면서, 아담스미스의 '보이지 않는 손(invisible hand)'에 의해 인위적인 국가의 개입 없이도 사회는 모순 없이 유지·발전되었고, 르네상스·산업혁명을 거치면서 자본주의가 발전하여 개인주의와 자유주의는 전성기를 맞이하게 되었다. 이 시기에는 '계약자유의 원칙, 소유권절대의 원칙, 과실

책임의 원칙'이라는 소위 '시민법원리'에 기초하여 시민사회는 성숙한 자본주의사회로 진입하게 되었다.

한편 위의 시민법원리를 바탕으로 기업이 발전하고 부가 축적되었음에도 불구하고, 근로자는 자본가에 비해 경제적·사회적으로 상대적인 약자에 위치하게 되고, 그 격차는 점점 더 벌어지게 되었다. 이러한 가운데 사회가 시민법의 원리에 머무르는 한 근로자의 인간다운 생활은 보장되기 어렵다는 반성이 일어나게 되었다. 그 결과, 국가의 개입으로 종전의 시민법원리를 '계약의 공정, 소유권의 상대, 무과실책임주의'로 수정하게 되었고, 궁극적으로는 이러한 법리를 수용·실천할 수 있는 노동관계법을 제정하기에 이르렀다.

2. 노동기본권의 보장

우리나라도 그 예외일 수는 없다. 예를 들어, 우리 헌법(제32조 제3항)은 '근로조건의 기준은 인간의 존엄성을 보장하도록 법률로 정한다'라고 규정한 다음(근로조건 법정주의), 이를 실천하기 위해 근로기준법을 비롯하여 최저임금법, 기간제법, 파견법, 남녀고용평등법, 산업안전보건법, 고용보험법 등을 제정하였으며, 이러한 법률에서 정한 기준에 미달하는 근로계약이나 단체협약은 무효로 하고(직률적 효력), 무효가 된 부분에 대해서는 이러한 법률이 정한 기준을 적용하도록 하고 있다(보충적 효력).

또한 헌법(제33조 제1항)은 '근로자는 근로조건의 향상을 위하여 자주적인 단결권·단체교섭권·단체행동권을 가진다'라고 규정한 다음, 이를 보다 실질적으로 보장하기 위해 노동조합법과 근로자참여및협력증진에관한법률(이하, 근참법)을 두고 있다. 우선 노동조합법은 근로자들의 노동3권을 보장하기 위하여 적법한 노조활동 및 쟁의행위에 대한 민·형사상의 면책을 비롯하여 사용자에 의한 부당노동행위 등을 금지하고 있으며, 근참법에서는 상용근로자 30인 이상 사업장에 대해서는 노사협의회 설치를 의무화하는 등 다양한 규정을 두고 있다.

우리나라와 같이 헌법에 노동기본권의 핵심이라 할 수 있는 노동3권을 명시적으로 보장하고 있는 입법례는 매우 드물다. 이는 과거 독일의 바이마르헌법과 일본의 명치헌법의 영향을 받은 것으로 판단되는데, 그 만큼 노동기본권을 헌법상의 다른 기본권과 동일한 수준으로 보장하겠다는 입법취지가 반영된 것이라 평가할 수 있다.

III. 노동법의 구성

현행 노동법은 크게 ① 근로자 개인과 사용자 사이의 개별적 노동관계를 규율하는 '개별적 노동관계법'과 ② 근로자 집단인 노동조합과 사용자 사이의 집단적 노동관계를 규율하는 '집단적 노동관계법', ③ 그 외에 위의 개별적 노동관계법이나 집단적 노동관계법에 속하지 않으면서도 고용이나 실업 및 산업재해 등을 규율하는 '노동시장법'으로 구성되어 있다.

1. 개별적 노동관계법

근로자 개인과 사용자 사이의 개별적 노동관계(고용관계)는 근로계약에 기초하여 전개되며, 민법상의 계약에 관한 법적 규율을 전제로 한다. 하지만 근로자와 사용자 간의 교섭력의 차이(불평등성)를 고려하여 근로조건 등을 법률로 정하고 있다(헌법 제32조 제3항, 근로기준법 제1조).

여기에 속하는 법률로는 근로기준법과 최저임금법, 산업안전보건법 등이 전형적이며, 법률로 최저기준을 정하고 있는 경우에는 당사자 간 합의로 이를 변경할 수 없는 것이 원칙이다(근로기준법 제15조 참조). 또한 근로조건은 노사가 대등한 지위에서 결정할 것과 부당한 차별을 금지할 것 등, 노동관계에 있어서 기초적인 원리를 규정하고 있다(근로기준법 제4조 및 제6조, 남녀고용평등법 등).

2. 집단적 노사관계법

개별적 노동관계법은 위에서 본 바와 같이 최저기준과 기본원리를 설정하는 것이 주된 역할이므로, 이를 구체적으로 실현해 나가기 위해서는 교섭에 의할 수밖에 없다. 그러나 근로자 개인의 교섭력은 상대적으로 미약하므로 이를 보충하기 위한 방법으로서 집단적 노동관계에 있어서 노동조합에 의한 단체교섭시스템을 두고 있다.

다시 말해서 노종조합은 근로자들의 단결에 기초하여 사용자와의 사이에서 노동력을 집단적으로 거래하며, 경우에 따라서는 교섭을 촉진시키기위해 파업 등 물리적 행동(쟁의행위)을 함으로써 교섭력의 실질적 평등화를 꾀한다. 이러한 단체교섭시스템을 보장하는 것이 집단적 노사관계법이다. 우리나라에서는 헌법 제33조가 기본원리를 정하고 있고, 노동조합법 등에 의해 구체적으로 실현되는 구조로 되어 있다.

3. 노동시장법

노동관계에 있어서는 실업 등의 문제도 발생한다. 그리고 실업자 기타 구직자와 구인자와의 사이에 취직을 둘러싸고 교섭(negotiation)이 이루어지므로 노동시장이 존재한다고 할 수 있다. 그러나 노동은 단순한 상품이 아니므로, 실업의 방지·구제 및 노동시장의 원활화 또는 고령자와 장애인의 고용촉진 등의 정책적인 시점으로부터 법규제를 할 필요가 있다(헌법 제32조 제1항 및 제2항).

이와 같은 법분야는 노동시장법 내지는 고용정책법이라 부르며, 기본법인 고용대책법 외에 직업안정법, 고용보험법, 직업능력개발촉진법, 고령자고용안정법, 장애인고용촉진법 등 여러 가지 법률이 이에 속한다. 또한 근로계약 성립이후의 소위 내부노동시장에서도 능력개발의 촉진 등의 관점에서 규율을 하고 있다.

Ⅳ. 노사자치규범

노사관계에 있어서 임금이나 근로시간 휴게·휴일 등과 같은 근로조건의 결정은 '근로조건 법정주의'의 원칙에 따라 당연히 현행 법령의 범위 내에서 이루어져야 한다. 하지만 산업현장에서 시시각각으로 변화하는 사안을 모두 실정법으로 규제하기가 사실상 어렵다. 그래서 노사 간의 문제는 실정법에 반하지 않는 한 노사 스스로가 정하도록 하는 소위 '노사자치주의(voluntarism)'를 기본원칙으로 하고 있다.

현행 노동관계법은 근로조건의 자주적 결정과 관련하여 주요한 원칙들을 명문으로 규정하고 있는데, 그 대표적인 것으로 근로계약과 취업규칙 및 단체협약을 들 수 있다. 이 중에서 단체협약이 가장 상위규범이고 그 다음이 취업규칙, 근로계약 순으로 된다. 따라서 법적용에 있어 '상위법 우선의 원칙'이 적용되어 하위규범의 기준이 상위규범의 기준에 미치지 못하는 경우에는 그 부분은 무효가 되며, 무효가 된 부분에 대해서는 상위규범의 기준이 적용된다(근로기준법 제15조 참조).

다만 하위규범의 내용이 상위규범의 기준이 비해 유리한 경우에는 노동 관계의 특성을 반영하여 하위규범을 적용하는 소위 '유리조건 우선의 원칙'을 인정하고 있다. 다시 말해서 취업규칙에서 정한 기준보다 유리한 근로조건을 정한 개별 근로계약 부분은 유효하고 취업규칙에서 정한 기준에 우선하여 적용된다. 예를 들어 취업규칙을 불리하게 변경하는 경우에 비록 집단적 동의를 받았다고 하더라도 이보다 유리한 근로계약이 이미 존재하는 경우에는 당연히 무효가 되는 것은 아니며, 변경된 취업규칙을 적용하기 위해서는 근로계약 당사자인 근로자의 동의를 받아야 한다(대법원 2019.11.14. 선고 2018다200709 판결).

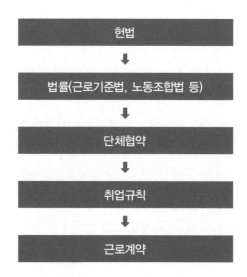

1. 근로계약

'근로계약'이란 물건의 매매나 임대차 계약과 마찬가지로 당사자인 근로자와 사용자 간의 의사표시의 합치, 즉 합의가 성립하고 그로부터 일정한 권리의무관계를 발생시키는 행위이다. 이에 대해 근로기준법(제2조 제4호)은 "근로계약이란 근로자가 사용자에게 근로를 제공하고 사용자는 이에 대하여 임금을 지급하는 것을 목적으로 체결된 계약을 말한다."라고 규정하고 있으며, 민법에서도 "고용계약이란 근로자가 사용자에 대해 '노무를 제공할 것을 약정'하고 사용자가 이에 대하여 '보수를 지급할 것을 약정'하는 것을 말한다."고 규정하고 있다(민법 제655조).

사용자는 근로자를 채용할 시에는 근로계약을 체결해야 하는데, 이때 근로계약에는 임금, 소정근로시간, 휴일, 휴가 등의 근로조건을 명시해야 하며, 임금의 구성항목·계산방법·지급방법 등은 반드시 서면으로 작성하여 근로자에게 부여하여야 한다(근로기준법 제17조). 근로계약상의 근로조건이 근로기준법에 미치지 못하는 근로조건은 무효로 되며(동법 제15조), 또한 근로계약상의 근로조건과 사실과 다를 경우에 근로자는 근로조건 위반을 이유로 손해의 배상을 청구할 수 있으며, 즉시 근로계약을 해제할 수 있다(동법 제19조).

근로계약은 근로자를 채용할 때 체결하는 것이 원칙이지만, 절차상의 번거로움 등으로 인하여 취업규칙의 내용을 설명하는 것으로 근로계약을 대신하는 경우가 있다. 이런 경우에는 비록 근로계약을 체결하지 않았다고 하더라도 취업규칙에 근로시간이나 임금 등 중요한 근로조건에 관한 사항이 명시되어 있는 경우에는 근로계약으로 갈음할 수 있다.

졸업예정자였던 K와 L은 열심히 취업활동을 한 결과 H여행사의 국내영업부 및 해외영업부에 각각 합격하여 최종합격통지를 받고 근로계약을 체결했다. 그런데 갑작스런 코로나로 인하여 해외비지니스에 차질이 생기면서 L에 대해서는 회사사정을 이유로 곧바로 채용을 취소한다는 통보를 하였다. 한편 K는 예정대로 업무를 시작하였는데 3개월의 시용기간이 만료되는 시점에서 K의 근무태도(지각 3번)와 업무능력(하위 10%)을 문제 삼아 본채용을 거부한다는 통보를 하였다. H여행사의 K와 L에 대한 채용취소 및 본채용 거부는 정당한가?

☞Check Point : 채용내정의 취소 및 본채용 거부의 정당성

(1) 채용내정과 취소

'채용내정'이란 사용자가 입사지원자들에게 최종합격통지를 함으로써 채용은 확정되었으나 정식으로 채용되어 근무를 시작하기 이전 상태를 말한다. 예를 들어 졸업예정자에 대해 졸업 이전에 채용을 확정했으나, 실제 근무일은 졸업 이후에 하는 경우를 말한다. 채용내정은 주로 우수인력을 미리 확보하기 위한 수단으로 많이 이용되고 있는데, 이 점에서 이미 채용되어 시험적으로 노무를 제공하고 있는 시용과는 다르다.

채용내정과 관련하여 문제가 되는 것은 채용내정통지를 한 후 회사사정 등으로 인하여 이를 취소하는 경우에 이를 해고로 볼 것인지의 여부이다. 만약 채용내정 취소를 해고통보로 볼 경우에는 근로기준법 제23조가 적용되어 '정당한 사유' 없이는 해고할 수 없게 된다. 채용내정에 대해서는 아무런 법규정이 없지만, 채용내정자에 대해서도 해고제한 규정이 적용된다고 하는 것이 판례의 입장이다(대법원 2000.11.28. 선고 2000다51476 판결).

(2) 시용과 본채용 거부

'시용'이란 본채용 또는 확정적 근로계약 체결 전에 근로자의 직업적성이나 업무능력을 평가하기 위해 확정적인 근로계약을 유보한 채 시험적으로 일정기간(시용기간) 일을 시켜보는 것을 말한다. 따라서 확정적 근로계약 체결 후에 근로자의 작업능력이나 사업장에서의 업무능력 훈련을 위한 '수습'과는 구별된다. 시용기간은 근로계약서에 명시하는 것이 일반적이나, 취업규칙이나 단체협약에서 정하고 있는 경우도 있다. 시용기간은 3개월이 일반적이나, 업무에 따라 근로자의 동의를 얻어 연장할 수도 있다.

시용과 관련하여 문제가 되는 것은 시용기간이 경과한 후에 사용자가 본채용을 거부하는 경우에도 통상근로자와 동일하게 근로기준법(제23조)상의 정당한 사유가 요구되는지의 여부이다. 이에 대해서는 시용의 취지가 직업적성 및 업무능력을 평가하기 위한 것인 만큼 통상해고에 비해서는 완화된 기준으로 판단하지만, 그럼에도 불구하고 '객관적으로 합리적인 이유'가 존재하여 사회통념상 상당하여야 한다는 것이 판례의 입장이다(대법원 2001.2.23. 선고 99두10889 판결).

2. 취업규칙

(1) 취업규칙이란?

'취업규칙'이란 근로자가 취업상 준수해야 할 규율과 근로조건(시업·종업 시각, 휴식시간, 휴일, 휴가 및 교대근로, 임금, 퇴직금, 상여 등)에 관한 사항을 규정한 것으로, 상시 10인 이상 근로자를 고용하는 사용자는 반드시 취업규칙을 작성하여 고용부장관에게 신고해야 하며, 이를 변경하는 경우에도 마찬가지이다(근로기준법 제93조). 사업자는 작성된 취업규칙을 상시 각 사업장에 게시 또는 비치하여 근로자에게 주지시켜야 한다.

취업규칙의 작성 및 변경(권)은 사용자의 권리이지만, 근로자에게 부당하게 불이익을 주는 것을 방지하기 위해 당해 사업장에 근로자의 과반수로 조직된 노동조합이 있는 경우에는 그 노동조합, 이러한 노동조합이 없는 경우에는 근로자 과반수의 의견(소위 '집단적 동의')을 듣도록 하고 있다. 다만 근로자에게 불리하게 변경하는 경우에는 사용자의 영향으로부터 배제된 상태에서 동의를 얻어야 하며(동법 제94조 제1항 단서), 취업규칙을 신고할 때에는 그 의견서를 첨부해야 한다.

CASE

K은행은 고령자법의 개정에 따라 정년을 종전의 58세에서 61세로 3년 연장하면서 58세를 정점으로 그 이후부터는 임금을 매년 10%씩 감액하는 소위 '임금피크제'를 도입하기로 하였다. 이에 K은행은 소수의 근로자들로 구성된 A노동조합과 비조합원들에게 취업규칙의 정년규정 및 임금규정을 변경하고자 협조를 구하였다. 그러나 노동조합은 끝까지 반대하였기 때문에 K은행은 하는 수 없이 각 사업장별로 변경에 동의한다는 취지의 서면을 보내 변경의 취지와 필요성을 설명한 다음, 동 서면에 직원들의 서명을 받아 취합하는 방식으로 동의를 얻어 취업규칙을 변경하였다. A노동조합은 변경된 취업규칙에 구속되는가?

☞ Check Point : 취업규칙의 불이익변경(근로기준법 제94조)

---

(2) 취업규칙 불이익 변경

취업규칙은 노동현장의 '소법전'이라 할 만큼 고용관계를 설정함에 있어 매우 중요하다. 문제는 취업규칙을 불리하게 변경하는 경우에 소위 '집단적 동의'를 요구하고 있어, 이를 둘러싸고 노동분쟁이 종종 발생하고 있다. 예를 들어 정년연장이나 정년보장을 전제로 일정 연령 이후부터는 임금을 점차 삭감하는 형태로 임금체계를 변경하는 소위 '임금피크제'를 도입할 경우, 이를 불이익 변경으로 보아 집단적 동의가 필요한지, 이 때 '사회통념상 합리성'이 인정되면 반드시 집단적 동의를 받을 필요가 없는지 여부를 둘러싼 분쟁이 전형적이다.

취업규칙 불이익 변경 시에 집단적 동의를 받지 못하면 이에 반대한 근로자에 대해서는 변경된 취업규칙이 적용되지 않으나, 취업규칙 변경 이후의 신규 입사자에 대해서는 변경된 취업규칙이 적용됨에 유의할 필요가 있다. 또한 취업규칙 불이익 변경에 대해 과반수 노조 또는 과반수 근로자가 반대하는 경우에는 종전에는 '사회통념상의 합리성'이 인정되는 경우에는 집단적 동의 없이도 취업규칙의 불이익 변경이 가능하다는 것이 판례의 입장이었으나, 최근에 대법원 전원합의체(대법원 2023.5.11. 선고 2017다35588, 2017다35595 판결)는 '사회통념상의 합리성 법리'를 폐기하고 그 대신 새롭게 '권리남용법리'를 설시한 바 있다. 그러나 이에 대해서는 대법원 내에서도 찬반양론이 팽팽할 정도로 논란이 있다.

3. 단체협약

(1) 단체협약이란?

단체협약은 노동조합과 사용자 또는 사용자 단체가 근로조건 기타 노사관계의 제반 사항에 대해 합의한 문서로 양당사자가 서명 또는 날인한 것을 말하여, 그 명칭은 불문한다. 단체협약을 체결하는 이유는 노사가 단체교섭에서 합의를 한 사항이라 할지라도 구두로 한 경우에는 나중에 법적 효력을 담보하기 힘들기 때문에 노사 간 합의내용을 문서화하는 것이다. 단체협약이 체결되면 당사자는 체결일로부터 15일 이내에 이를 행정관청에 신고하여야 하며, 행정관청은 단체협약에 위법한 내용이 있는 경우에는 노동위원회의 의결을 얻어 시정을 명할 수 있다(노동조합법

제31조).

(2) 단체협약의 구성

단체협약은 크게 규범적 부분과 채무적 부분으로 나눌 수 있는데, '규범적 부분'은 단체협약의 내용 중 근로조건 및 기타 근로자의 대우에 관한 부분을 말한다. 이 규범적 부분에 위반하는 취업규칙 또는 근로계약의 부분은 무효로 되며(강행적 효력), 이렇게 무효로 된 부분에 대해서는 단체협약이 적용된다(보충적 효력; 노동조합법 제33조 참조).

이에 비해 '채무적 부분'은 집단적 노사관계와 관련하여 협약 당사자 간의 권리·의무를 규정하는 단체협약상의 규율(예를 들어 평화의무, 평화조항, 노조활동조항 등)이 이에 속하며, 채무적 부분에 위반하는 경우에는 계약위반의 효과(단체협약의 해제, 동시이행의 항변, 손해배상, 강제집행 등)가 발생한다.

(3) 단체협약의 효력

단체협약은 원칙적으로 협약당사자인 노동조합과 사용자 또는 사용자 단체에만 적용되나 예외가 있음에 유의할 필요가 있다. 첫째, 하나의 사업 또는 사업장에 상시 사용되는 동종 근로자의 과반 수 이상이 하나의 단체협약의 적용을 받는 경우, 당해 사업 또는 사업장의 다른 동종의 근로자에 대해서도 당해 단체협약이 적용된다(일반적 구속력; 노동조합법 제35조).

둘째, 하나의 지역에 종업하는 동종의 근로자 3분의 2 이상이 하나의 단체협약의 적용을 받게 된 경우, 행정관청은 당해 단체협약 당사자 쌍방 또는 일방의 신청의 의하거나 그 직권으로 노동위원회의 의결을 얻어 당해 지역에서 종업하는 다른 동종의 근로자에 대해서도 당해 단체협약을 적용하는 결정을 할 수 있다(지역적 구속력; 노동조합법 제36조). 행정관청이 이러한 결정을 한 경우, 지체 없이 공시하여야 한다.

(4) 단체협약의 유효기간

단체협약의 유효기간은 3년을 초과할 수 없으며, 이를 초과하는 경우에는 3년으로 간주된다. 유효기간 만료를 전후하여 당사자 쌍방이 새로운 단체협약 체결을 위해 노력했음에도 불구하고 체결되지 못한 경우에는 별도의 약정이 없는 경우에는 유효기간이 3개월간 연장된다. 단체협약 만료 후에도 계속적 효력을 인정하는 별도 취지의 약정이 있는 경우에는 이에 따르되, 그렇지 않는 경우에는 당사자 일방은 해지하고자 하는 날의 6개월 전까지 상대방에게 통고함으로써 해지할 수 있다(노동조합법 제32조).

V. 노동법의 3주체

노동법은 근로자와 사용자 그리고 노동조합이라는 3캐릭터의 상호관계를 정립하고 이들이 서로 원만하게 활동할 수 있도록 룰(rule)을 정하고 있는 법이다. 따라서 노동법의 룰을 정확하게 이해하기 위해서는 3개의 캐릭터의 개념을 명확하게 이해할 필요가 있다.

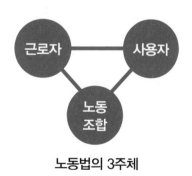

노동법의 3주체

1. 근로자

근로자의 개념에 대해서는 근로기준법과 노동조합법에서 각각 규정하고 있다. 우선 근로기준법상의 근로자 개념은 근로기준법상의 적용 여부를 판단하기 위한 것인데 비해, 노동조합법상의 근로자 개념은 단결권의 주체 여부를 판단하기 위한 것으로 다소 그 의미가 다르다.

이와 같이 근로기준법상의 근로자와 노동조합법상의 근로자를 구별하나, 실질적으로는 거의 차이가 없다. 다만 노동조합법상의 근로자 개념에는 실업자도 포함될 수 있다는 점에서 근로기준법상의 근로자 개념보다 넓은 의미로 파악될 수 있다. 그 외 최저임금법, 임금채권보장법, 산업안전보건법, 산업재해보상보험법 등에서도 근로자라는 표현을 쓰고 있는데, 여기서 근로자 개념은 근로기준법상의 근로자와 동일한 개념이라고 할 수 있다.

CASE

K대학에 재학 중인 S양은 여름방학 기간 동안 집근처에 있는 홀인원골프장에서 캐디로 아르바이트를 하던 중, 손님이 친 골프공에 맞아 왼쪽 눈을 실명하였다. S양은 골프장 또는 근로복지공단에 산업재해에 따른 보상을 신청할 수 있을까? 단, S양은 골프장과 노무공급계약을 체결한 바는 없으며, 경기를 보조한 대가로 봉사료(caddie fee)만 받을 뿐 골프장으로부터 어떠한 지시·감독도 받지 않았다.

☞ Check Point : 사용종속관계의 여부, 특수형태 종사자의 근로자성(근로기준법 제2조)

---

(1) 근로기준법상 근로자

근로기준법에서 '근로자'란 "직업의 종류와 관계없이 임금을 목적으로 사업이나 사업장에 근로를 제공하는 자"를 말한다고 규정하고 있다(제2조 제1호). '직업의 종류와 관계없이'라는 의미는 근로기준법상의 근로자는 종사하는 직업의 종류와 상관없이 성립된다는 의미이다. 즉 근로의 성질, 근무형태나 직종·직급 등이 근로자 여부를 판단하는 기준이 되지 아니한다. '사업'이란, 업(業)으로서 계속적으로 행하는 것을 말하며, 영리를 목적으로 하는 것은 물론, 영리를 목적으로 하지 않는 것도 포함된다.

여기서 "근로"란 정신노동과 육체노동을 말하며(근로기준법 제2조 3호), 근로자(성) 판단여부는 '종속근로'인지의 여부를 기준으로 한다. 종속근로의 판단여부는 사용자의 지휘감독, 취업규칙의 적용여부, 노무제공의 계속성과 전속성, 근로소득세의 원천징수 여부 등을 종합적으로 판단한다(대법원 1996.6.11. 선고 96누1504 판결).

(2) 노동조합법상 근로자

노동조합법상 "근로자"라 함은 "직업의 종류를 불문하고 임금·기타 이에 준하는 수입에 의하여 생활하는 자"를 말한다고 규정하고 있다(제2조 제1호). 여기서 '임금·기타 이에 준하는 수입'이라 함은 '근로자가 타인에게 고용되어 근로를 제공하고 그 보수로서 받는 것 일체'를 의미한다.

또한 여기서 "수입에 의하여 생활하는 자"란 임금수입을 얻어 생활하고 있거나 임금수입을 얻어 생활하려는 자를 말하고, 임금수입이 유일한 생활자금 또는 주된 생활자금이 되는지 여부는 불문한다. 따라서 노동조합법상 근로자 개념은 근로기준법상 근로자보다 넓은 개념이라고 할 수 있다.

노동조합법상 근로자에 해당하는지의 여부는 ① 노무제공자의 소득이 주로 특정 사업자에게 의존하고 있는지, ② 이 특정 사업자가 계약 내용을 일방적으로 정하는지, ③ 특정 사업자의 사업을 통해서 시장에 접근하는

지, ④ 특정 사업자의 법률관계가 상당한 정도로 지속적·전속적인지, ⑤ 노무제공자에게 어느 정도 지휘·감독을 하는지, ⑥ 특정 사업자로부터 받는 임금·급료 등 수입이 노무 제공의 대가인지 등을 종합적으로 판단하여야 하며, ⑦ 노동3권을 보호할 필요성이 있는지의 관점에서 판단해야 한다는 것이 판례의 입장이다(대법원 2018.6.15. 선고 2014두12598 판결).

2. 사용자

사용자의 개념에 대해서도 근로자의 경우와 마찬가지로 근로기준법 및 노동조합법에서 규정을 하고 있다.

(1) 근로기준법상 사용자

근로기준법(제2조 제1항 제2호)은 "사용자란 사업주 또는 사업의 경영 담당자, 그 밖에 근로자에 관한 사항에 대하여 사업주를 위하여 행위하는 자를 말한다."라고 규정하고 있다.

여기서 '사업주'라 함은 경영주체를 말하는 것이며, 개인경영의 경우에는 경영주를 의미하고, 법인경영인 경우에는 법인을 의미한다. 또한 '사업의 경영담당자'란 사업주로부터 사업경영의 전부 또는 일부에 대하여 포괄적 위임을 받고 대외적으로 사업을 대표하거나 대리하는 자를 의미한다.

이와 같이 근로기준법상 사용자란 근로관계의 당사자로서 임금·급료 등의 지급의무를 부담하며, 근로자에 대해 지시권을 가지는 자를 말한다고 할 수 있다.

(2) 노동조합법상 사용자

노동조합법(제2조 제2호)은 "사용자라 함은 사업주, 사업의 경영담당자 또는 그 사업의 근로자에 관한 사항에 대하여 사업주를 위하여 행동하는 자를 말한다."라고 규정하고 있다. 이와 같이 노동조합법상의 사용자 개념을 문언상으로만 보면 근로기준법상의 사용자 개념과 거의 동일하다. 그러나 근로기준법상의 사용자는 근로계약의 일방당사자이자 같은 법의 준수의무자로서 파악되는 것이지만, 노동조합법상 사용자의 개념을 노동조합의 상대방, 단체교섭의 상대방 및 부당노동행위 금지규범의 대상주체로서의 의미를 가진다.

최근 들어 서비스산업의 확대와 정보통신기술의 발전 등으로 취업형태 및 근무방식이 다양화되고 기업의 기능적 분업과 다층적 계약관계망을 통해 재화, 서비스 등의 생산·유통이 이루어지면서 계약 당사자는 아니지만 거래상 우월한 지위를 이용하여 원사업주 소속 근로자의 노무를 자신의 지배 또는 영향 하에 이용하는 계층적·다면적 노무관계가 확산되고 있다. 이와 같이 노무관계가 다층구조화 됨에 따라 해당 근로자의 근로조건에 대한 지배·결정권도 다면적으로 파악하여, 사업주 간의 종속성 정도에 따라 그 책임도 분배될 수 있는지가 문제가 되고 있다.

3. 노동조합

(1) 노동조합이란?

노동조합은 근로조건의 향상을 위해 조직된 대표적인 근로자들의 자발적 단체이다. 노동조합은 주로 사용자와의 단체교섭을 통하여 근로조건을 유지하고 개선하는 것을 주된 목표로 한다(노동조합법 제2조 제4호 참조). 그 외에도 노동조합은 조합원 상호간의 친목도모와 상호부조를 위한 공제활동도 하고, 입법청원을 하거나 또는 각종 위원회에 근로자위원을 파견하는 등 근로자의 경제적·사회적 지위 향상을 꾀하기 위한 활동도 하고 있다.

개별 근로자들이 조합원이 되고 자신의 이름으로 사용자와 직접 단체교섭을 하는 노동조합을 흔히 '단위노조'라 하고, 그에 비해 노동조합원들이 회원이 되어 구성된 상급의 노동조합을 흔히 '(총)연합단체'라고 한다. 단위노동조합은 기업별 단위에서 조직된 경우도 있으나, 전교조나 금속노조와 같이 전국적 단위에서 산업별로 조직된 경우도 있다.

2023년 현재 조합원 100명 이상을 거느리고 있는 한국노총과 민주노총이라는 2개의 내셔널센터가 조직되어 있으며, 노동조합 조직률은 최근에 다소 상승하여 14.2%를 나타내고 있다. 노조조직률을 보면 기업규모에 따라 큰 편차를 보이고 있는데, 예를 들어 300인 이상의 사업장에서는 49.2%로 높은 데 비해, 소규모사업장에서는 조직률이 매우 저조한 편이다.

CASE

드림社에는 직원 20명으로 조직된 친목회가 있는데, 이번에 이를 노동조합으로 조직을 개조하여 회사와의 단체교섭을 하려고 한다. 노동조합으로 인정되기 위해서는 어떤 조치가 필요할까? 또한 회사가 이를 노동조합으로 인정하지 않을 경우, 취할 수 있는 법적 수단으로는 어떤 것이 있을까?

☞ Check Point : 노동조합의 설립요건(노동조합법 제2조)

---

(2) 노동조합의 요건

노동조합이 노동관계법상의 보호를 받기 위해서는 노동조합법 등에서 요구하는 요건을 구비해야 하며(실질적 요건), 아울러 설립신고를 하여 신고필증을 받아야 한다(형식적 요건). 이러한 요건을 구비한 노동조합을 '법내노조'라고 하며, 법내노조는 정식으로 노조명칭을 사용할 수 있으며, 부당노동행위 구제신청을 비롯하여 법인격 취득, 조세면제, 각종 위원회 등에 근로자대표 추천권 등의 법적 권리를 행사할 수 있다.

위에서 말하는 '실질적 요건'이란 노동조합법상의 정의규정에 부합할 것을 의미하며, 이에 대해서는 노동조합법(제2조 제4호)에서 구체적으로 명시하고 있다. 동조에 따르면 "'노동조합'이라 함은 근로자가 주체가 되어 자주적으로 단결하여 근로조건의 유지·개선 기타 근로자의 경제적·사회적 지위의 향상을 도모함을 목적으로 조직하는 단체 또는 연합단체를 말한다."라고 규정하여 근로자의 주체성과 자주성, 근로조건의 유지·개선 등의 경제적·사회적 목적성과 단체성을 구비할 것이 요구된다.

따라서 같은 조항 단서에서 제시하고 있듯이 ① 사용자 또는 항상 그의 이익을 대표하여 행동하는 자의 참가를 허용하는 경우, ② 경비의 주된 부분을 사용자로부터 원조 받는 경우, ③ 공제·수양 기타 복리사업만을 목적으로 하는 경우, ④ 근로자가 아닌 자의 가입을 허용하는 경우. ⑤ 주로 정치운동을 목적으로 하는 경우에는 실질적 요건을 구비하지 못한 것으로 간주된다.

VI. 근무환경(근로조건)

우리나라는 '근로조건 법정주의'를 채택하고 있으므로 기본적인 근로조건에 대해서는 근로기준법이나 최저임금법 등에서 정하는 것이 원칙이다. 따라서 근로계약이나 취업규칙 또는 단체협약의 내용이 법정 근로기준에 미달하는 경우에는 무효가 되며, 이러한 경우 법정 근로기준이 적용되게 된다.

1. 임금

'임금'이란 "사용자가 근로의 대가로서 근로자에게 지급하는 임금, 봉급 기타 어떠한 명칭으로든 지급되는 일체의 금품"을 의미한다(근로기준법 제2조 제5호). 따라서 근로의 대가가 아닌 경조사비와 같이 은혜적·호의적인 금품이나 출장 등에 사용하는 교통비나 식비 등과 같이 실비변상적인 금품일 경우에는 임금으로 보지 않는다(대법원 1990.11.9. 선고 90다카4683 판결).

임금은 근로계약 체결 시 근로계약서에 반드시 기재하여야 하며, 특히 구성항목·계산방법·지급방법 등은 반드시 서면으로 근로자에게 교부하여야 한다(근로기준법 제17조). 또한 임금은 법령 또는 단체협약에 특별한 규정이 없는 경우에는 반드시 근로자 본인에게 직접, 전액을 통화로 매월 1회 이상 일정한 기일을 정하여 지급하는 것을 원칙으로 하며(근로기준법 제43조), 임금채권의 소멸시효는 3년이다(근로기준법 제49조).

임금에는 크게 평균임금과 통상임금, 최저임금으로 나눌 수 있다. 이 중에서 '평균임금'은 퇴직금·휴업수당·재해보상을 계산할 때 기초가 되며, 산정해야할 사유가 발생한 이전 3개월에 그 근로자에게 지급된 임금의 총액을 그 기간의 총일수로 나눈 금액을 말하여, 취업 후 3개월 미만도 이에 준한다(근로기준법 제2조 제6호 참조). 최저임금은 근로자의 최소한의 생존권을 보장하기 위한 임금으로 국가(최저임금위원회)가 물가상승률 등을 고려하여 매년 최저 임금액을 정하고 있다.

이에 비해 '통상임금'은 근로자에게 정기적·일률적으로 소정근로 또는 총 근로에 대해 지급하기로 정하여진 시간급 금액·일급 금액·주급 금액·월급 금액 또는 도급 금액을 말하여 주로 가산수당 및 해고수당 등을 산정할 경우에 사용된다(동법 시행령 제6조 참조).

근로기준법에서는 근로자들의 최저생계를 보장하기 위하여 임금채권에 대한 우선변제를 규정하고 있다(제38조 참조). 우선 임금이나 퇴직금 또는 재해보상금 기타 근로관계로 인한 채권은 사용자의 총재산에 대해 질권 또는 저당권에 의하여 담보된 채권을 제외하고는 조세·공과금 및 다른 채권에 우선 변제된다. 다만 질권 또는 저당권에 우선하는 조세·공과금은 예외이다. 그럼에도 불구하고 '최종 3개월분의 임금' 및 '재해보상금'에 해당하는 채권은 사용자의 총 재산에 대해 질권 또는 저당권에 의해 담보된 채권·조세·공과금 및 다른 채권에 우선변제 된다.

2. 근로시간과 휴식

근로시간은 임금과 더불어 가장 중요한 근로조건 중의 하나이다. 근로시간은 사용자의 지휘·감독 하에 있는 시간을 말하는데, 대기시간이라 하더라도 사용자 또는 고객으로부터 요청이 왔을 때 바로 응대를 해야 하는 경우에는 근로시간으로 볼 수 있다. 이와 같이 근로시간은 구속된 시간이기 때문에 근로자의 건강권과 밀접한 관계에 있을 뿐 아니라, 임금이 근로시간의 길이에 비례하여 산정되는 구조 하에서는 근로시간을 엄격하게 관리할 필요성이 요구된다.

따라서 근로기준법은 하루 8시간 주당 40시간을 초과할 수 없도록 규정하고 있으며, 예외적으로 당사자가 합의하면 1주간에 법정근로시간 40시간 이외에 12시간을 한도로 근로시간을 연장할 수 있도록 하고 있다(이를 소위 '주52시간제'라고 함). 다만 근로자가 법정근로시간을 초과하여 연장근로 및 야간근로(하오 10시~상오 6시) 또는 휴일근로에 종사한 경우에는 통상임금의 100분의 50 이상을 가산하여 지급해야 한다(제56조). 근로기준법은 근로자가 근무시간을 자유롭게 선택하고 출퇴근 시간을 탄력적으로 조절하여 근무할 수 있도록 소위 '탄력적 근로시간제'를 도입, 운영하고 있다.

근로기준법은 근로시간과 더불어 근로자의 건강권 보호를 위해 휴게·휴일에 대해서도 규정하고 있다. 사용자는 근로시간이 4시간인 경우에는 30분 이상, 8시간인 경우에는 1시간 이상 휴게시간을 근로시간 중에 주어야 하며(제54조), 1주일에 평균 1회 이상의 유급휴일을 부여해야 한다(제55조). 또한 사용자는 1년간 8할 이상 출근한 근로자에 대해서는 15일의 유급휴가를 주어야 하며, 계속 근로연수가 1년 미만인 근로자에 대해서는 1개월 개근에 1일 유급휴가를 부여해야 한다. 다만 연차유급휴가는 3년 이상 계속 근로자에 대해서는 최초 1년을 초과하는 계속 근로 연수에 매 2년에 1일을 가산하되 총 25일을 한도로 하고 있다(제60조).

3. 인사이동·징계·해고

(1) 인사이동

'인사이동'이란 기업 내 또는 기업 간 근로자의 근무내용·근무장소 및 근로관계 당사자의 변동을 가져오는 전직, 전적, 전보, 출장, 파견, 배치전환 등 근로관계의 변동을 통칭한다. 이 중에서 '전직'이란 기업 내의 이동 및 그룹 내 이동까지 의미하는 포괄적 개념이며, 기업 간 전직은 고용주체의 변화를 가져오므로 근로자의 동의가 필요하다.

인사권의 법적 근거로는 사용자는 자신의 경영권에 근거하여 인사권을 행사할 수 있다는 견해(경영권설)와 근로자는 사용자와의 근로계약 체결을 통한 포괄적 합의에 기초하여 인사권 행사가 가능하다고 하는 견해(포괄적 합의설)로 구별된다. 전자의 경우, 근로자는 근로계약 체결과 동시에 경영 체계에 편입되어 노무지휘를 받게 되는 데 비해, 후자의 경우에는 근로계약 체결을 통한 포괄적 합의의 범위 내에서 인사권을 행사한다는 점이 다르다.

다만 사용자가 인사권을 행사함에는 어느 견해에 의하든지 근로기준법(제23조 제1항)에 따른 정당한 사유가 필요하다. 여기서 '정당한 사유'라 함은 단체협약이나 취업규칙, 근로계약 중에 구체적으로 정하는 경우가 일반적인데, 인사권 행사에는 업무상의 필요성과 근로자의 생활상 불이익의 비교형량, 근로자 본인과의 협의(동의) 등 신의칙상의 요건을 갖춘 경우에 정당한 것으로 간주된다. 따라서 업무상 필요성보다 근로자가 감수해야 할 불이익이 사회통념상 수인할 정도를 현저하게 초과하는 경우에는 정당성이 인정되기 어렵다.

근로자는 인사이동(징계, 해고, 직장 내 괴롭힘, 차별 등)이 부당하다고 판단되는 경우에는 법원은 물론 노동위원회에 구제신청을 할 수 있다.

H마트는 광명에 새롭게 점포를 오픈하면서 매장관리 업무를 담당할 직원을 물색하던 중, 마침 분당지점에 근무하는 주부 C씨가 여러모로 적임자라 생각하고 광명지점으로 전직발령을 하였다. 하지만 C씨는 우울증이 있는 남편과 노약하여 치매기가 있는 홀어머니를 모시고 있을 뿐만 아니라, 광명까지는 통근시간(약 2시간)이 너무 걸린다는 이유로 전직명령에 응하지 않았다. 그러자 회사는 하는 수 없이 C씨를 인사명령 불복을 이유로 징계위원회에 회부하려고 한다. 이러한 회사 측의 행위는 정당한가? 단 회사 측은 C씨는 입사 이래 5년째 분당지점에서 근무해오고 있으며, 채용면접 시에 특별한 사정이 없는 한 분당에서만 근무하게 될 것이라는 것을 구두로 들은 바 있다.

☞ Check Point : 전직명령에 대한 정당성

(2) 해고 등의 제한

근로기준법은 근로자의 고용을 보장하기 위해 사용자로 하여금 정당한 사유 없이 근로자를 해고하지 못하도록 규정하고 있는데, 해고에는 통상적인 해고(징계해고 포함)와 경영상의 이유에 의한 해고로 대별된다.

우선 전자에 대해 근로기준법은 "사용자는 근로자를 정당한 사유 없이 해고, 휴직, 정직, 전직, 감봉 기타 징벌(이하, 부당해고 등)을 못한다."라고 규정하고 있으며(제23조 제1항), 후자에 대해서는 '긴박한 경영상의 필요성'이 인정되는 경우에 한하여 가능하며, 이때에 사용자는 '해고를 회피하기 위해 노력'과 '해고자 선정의 공정성' 및 '노동조합과 근로자대표와의 성실한 협의'를 다하지 않으면 안 된다(제24조). 이 4가지 요건 중 하나만 결여되어도 당해 해고는 무효가 된다. 근로자는 부당하게 해고 등의 처분을 받았다고 생각되는 경우에는 노동위원회에 구제신청을 할 수 있다(제28조).

　사용자는 근로자를 해고하기 위해서는 최소 30일 전에 예고를 하여 근로자가 해고에 대비할 수 있는 시간적 여유를 부여할 필요가 있는데, 부득이 해고예고를 하지 못하는 경우에는 적어도 30일분 이상의 통상임금을 지급해야 한다(근로기준법 제26조). 또한 해고를 할 때에는 해고를 둘러싼 불필요한 분쟁을 방지하기 위해 해고시기와 해고 사유를 서면으로 명시하도록 규정하고 있는데, 이를 어길 경우에는 해고의 효력이 부인된다(동법 제27조). 다만 근속기간이 3개월 미만인 경우나 천재·사변 등으로 사업을 계속하기 어려운 경우 또는 근로자가 고의로 사업에 막대한 지장을 초래한 경우에는 예외로 한다.

　해고통보는 서면으로 하는 것이 원칙이나, 예외적으로 일정한 요건을 갖춘 경우에는 전자메일에 의한 해고통지도 유효하다는 것이 판례의 입장이다(대법원 2015.9.10. 선고 2015두41401 판결). 또한 부당해고의 경우 노동위원회는 근로자가 원직복귀를 원하지 아니하면 원직복직을 명하는 대신 근로자가 해고 기간 동안 근로를 제공하였더라면 받을 수 있었던 임금 상

당액 이상의 금품을 근로자에게 지급하도록 명할 수 있다(근로기준법 제30
조 제3항, 노동위원회규칙 제64조~제66조).

CASE

자동차를 제조·판매하고 있는 S사는 최근의 경기침체로 수년간 적자를 내고
있는 중형자동차 생산조립부문에 대한 인원감축을 이사회에서 결정하고 이를
노동조합에게 통고하였다. 하지만 노동조합은 계속적으로 이에 반대했기 때문
에 S사는 하는 수 없이 3개월에 걸쳐 희망퇴직자(명퇴자)를 모집한 뒤, 가족상
황·재산정도·근속연수 등을 종합적으로 고려하여 나름대로 객관적이고 공정
한 기준에 따라 생산조립부문 근로자의 30%를 해고하였다. S사의 해고는 과연
정당한가?

☞ Check Point : 경영상의 이유에 의한 해고의 정당성 판단(근로기준법 제24조)

4. 직장 내 괴롭힘

'직장 내 괴롭힘'이란 사용자 또는 근로자가 ① 직장에서의 지위 또는
관계 등의 우위를 이용하여 ② 업무상 적정범위를 넘어 다른 근로자에게
③ 신체적·정신적 고통을 주거나 근무환경을 악화시키는 행위를 말한다
(근로기준법 제76조의2). 이는 2019년도에 신설된 것으로 직장 내 괴롭힘은
통상적으로 상사가 부하에 대해 이루어지는 경우가 많으나 부하가 상사에
대한 경우도 종종 볼 수 있다.

직장 내 괴롭힘이 발생한 때에는, 피해 근로자는 원칙적으로 사용자에
게 신고하도록 되어 있으며(근로기준법 제76조의3 제1항), 사용자는 직장 내
괴롭힘 발생 사실을 인지한 경우에는 지체 없이 당사자 등을 대상으로 그
사실 확인을 위하여 객관적으로 조사를 실시해야 한다. 또한 사용자는 조

사 기간 동안 피해를 입은 근로자 또는 피해를 입었다고 주장하는 근로자를 보호하기 위해 필요한 경우 해당 피해근로자에 대해 필요한 조치(근무장소의 변경, 유급휴가 명령 등)를 행하여야 한다.

다만 이 경우 사용자는 피해근로자의 의사에 반하는 조치를 해서는 아니 된다. 사용자는 조사 결과 직장 내 괴롭힘이 확인된 때에는 지체 없이 행위자에 대해 징계, 근무장소의 변경 등 필요한 조치를 하여야 하며, 직장 내 괴롭힘 발생 사실을 신고한 근로자 및 피해근로자 등에게 해고나 그 밖의 불리한 처우를 하여서는 아니 된다(근로기준법 제76조의3 제1항~제7항 참조).

CASE

신입사원 O양은 입사 때부터 선배인 T씨로부터 집요하게 개인적인 만남을 요구받았으나 거절했다. 그러자 T씨는 다른 직장 동료들에게 O양에 대한 좋지 못한 소문을 퍼트리고 다니는가 하면 회식할 때도 O양을 빼고 하는 등 그 정도가 점점 노골화되고 있다. 이러한 T씨의 행동에는 문제가 없는가? 또한 O양이 취할 수 있는 방법은?

☞ Check Point : 취업규칙의 불이익변경(근로기준법 제94조)

5. 고용상의 차별 금지

근로기준법은 헌법 제11조의 평등권을 구체화하기 위하여 동법 제6조에서 "사용자는 근로자에 대하여 남녀의 성(性)을 이유로 차별적 대우를 하지 못하고, 국적·신앙 또는 사회적 신분을 이유로 근로조건에 대한 차별적 처우를 하지 못한다."고 규정하고 있는데, 이 조항은 고용관계에서의 균등대우원칙을 선언한 일반조항이라 할 수 있다.

그러나 이 조항은 모집과 채용에는 적용되지 않으며, 동조에 규정된 차별금지사유가 예시적인지 한정적인 것인지 등의 문제가 논란이 되고 있어 평등권의 구체화를 위한 차별금지에 관한 모든 문제를 이 조항만으로 다 아우를 수는 없다는 한계를 보여준다. 따라서 고용상의 차별금지에 관해서는 근로기준법에 국한되지 않고 여러 법률에서 개별적으로 규정하고 있는 것이 특징이다.

고용상의 차별을 받았다고 생각하는 근로자는 노동위원회에 차별시정을 요청할 수 있다. 노동위원회가 차별로 판단하기 위해서는 ① 당해 차별행위가 법적용 대상인지, ② 차별시정 당사자의 적격성이 인정되는지, ③ 당사자적격이 인정된다면 비교대상근로자 선정이 적절한지, ④ 차별금지 영역에 해당하는지, ⑤ 근로조건에서 불리한 처우가 존재하는지, ⑥ 불리한 처우가 존재한다면 합리적 이유가 없는 차별적 처우에 해당하는지 등의 요건을 충족해야 한다.

(1) 기간제법 및 파견법상의 고용차별금지

'기간제 근로자'란 기간의 정함이 있는 근로계약을 체결한 근로자를 말하는데, 2년 초과하여 계속 사용한 경우에는 기간을 정함이 없는 근로자로 간주되는 것이 원칙이다. 기간제법은 기간제 근로자에 대한 차별을 방지하기 위해 사용자에게 기간제근로자 및 단시간근로자와 동종 또는 유사한 업무에 종사하는 기간의 정함이 없는 근로계약을 체결한 근로자간에 차별적 처우를 하는 것을 금지하고 있으며(제8조), 차별적 처우를 받은 기간제근로자 또는 단시간근로자는 차별적 처우가 있었던 날(계속되는 차별적 처우는 그 종료일)로부터 6개월 이내에 그 시정을 노동위원회에 신청할 수 있고, 차별적 처우와 관련한 분쟁에 관한 입증책임은 사용자가 부담하도록 규정하고 있다(제9조).

'파견근로자'란 파견사업주가 근로자를 고용한 후 근로자 파견계약에 따라 사용사업주의 지휘·명령을 받으며 근로에 종사하는 근로자를 말한다. 파견법은 파견근로자에 대한 차별을 방지하기 위해 파견사업주와 사용사업주 쌍방에 대하여, 파견근로자와 사용사업주의 사업 내의 동종 또는 유사한 업무를 수행하는 근로자에 대하여 차별적 처우를 행함을 금지하고, 차별적 처우를 받은 파견근로자는 차별적 처우가 있었던 날(계속되는 차별적 처우는 그 종료일)로부터 6개월 이내에 그 시정을 노동위원회에 신청할 수 있으며, 차별적 처우와 관련한 분쟁에 관한 입증책임은 사용자가 부담하도록 규정하고 있다(제21조).

CASE

웹디자이너인 주부 A씨는 W사에서 파견사원으로 B사에서 웹디자인 업무에 종사하고 있다. 하지만, A씨는 자기와 거의 동일한 일에 종사하고 있는 B사 소속의 웹디자이너에게는 매달 지급되는 특별수당 및 근속수당 등을 지급받지 못하고 있다. A가 할 수 있는 권리구제방법은?

☞Check Point : 비정규직에 대한 차별금지(파견법 제21조 제1항~제3항)

---

(2) 남녀고용평등법상의 고용차별금지

남녀고용평등법 제2조에서는 차별을 '성별, 혼인, 가족 안에서의 지위, 임신 또는 출산 등의 사유로 합리적인 이유 없이 채용 또는 근로의 조건을 다르게 하거나 그 밖의 불리한 조치를 하는 경우'로 정의한 다음(제2조), 근로자의 모집과 채용, 임금이나 그 외 금품의 지급 등 복리후생, 교육·배치 및 승진, 정년·퇴직 및 해고 등 근로관계의 전반적인 면에서 남녀차별을 금지한 다음, 차별적 처우가 있었던 날(계속되는 차별적 처우는 그 종료일)로부터 6개월 이내에 그 시정을 노동위원회에 신청할 수 있으며(제26조; 2022.5.19.부터 시행), 차별적 처우와 관련한 분쟁에 관한 입증책임은 사용자가 부담하도록 규정하고 있다(제30조).

CASE

L양은 작년에 대학을 졸업하면서 시내 Y사립초등학교 교사로 부임하였으나, 초임급이 같은 동기생인 남자선생에 비해 10만원이 적었다. 이에 학교당국에 문의한 결과, 남자의 경우에는 병역의무기간이 경력으로 인정해 주는 임금규정에 따른 것이라는 설명을 들었다. 이러한 Y학교의 임금규정은 관연 적법한가?

☞ Check Point : 동일가치 동일임금(남녀고용평등법 제8조 제1항)

---

(3) 고령자법상의 고용차별금지

고령자법(정식명칭은 '고용상 연령차별금지 및 고령자 고용촉진에 관한 법률')은 합리적인 이유 없이 연령을 이유로 하는 고용차별을 금지하고 고령자가 그 능력에 맞는 직업을 가질 수 있도록 지원하고 촉진함으로써, 고령자의 고용안정과 국민경제의 발전에 이바지하는 것을 목적으로 한다고 명시한 다음(제1조), 사업주로 하여금 합리적인 이유 없이 연령을 이유로 모집·채용, 임금, 임금 외의 금품 지급 및 복리후생, 교육·훈련, 배치·전보·승진, 퇴직·해고의 분야에서 합리적인 이유 없이 연령을 이유로 근로자 또는 근로자가 되려는 자를 차별하지 못하도록 규정하고 있다(제4조의4).

6. 산업재해(중대재해)

'산업재해'란 업무상 발생한 사고 또는 직업병으로 인하여 근로자가 받는 신체적, 정신적 장애를 의미한다. 산업재해는 근로자가 업무에 관련된 건조물, 설비, 원재료, 가스, 분진 등에 의하여 사망 또는 부상하거나 질병에 걸리는 경우를 포함한다. 산업재해는 근대 산업혁명 때부터 본격적으로 발생하기 시작하여 급증하는 추세를 보이고 있어 각국에서는 작업환경 및 안전에 관한 규제와 산업재해 예방에 관한 법률을 제정하기에 이르렀다.

우리나라의 경우에는 1953년에 제정된 근로기준법에서 처음으로 안전과 보건에 관한 조항을 두었으며, 1963년에는 산업재해보상보험을 제정하였다. 그러나 산업안전보건에 대한 본격적인 예방대책은 1981년 산업안전보건법이 제정되면서 시작되었다. 산업재해 발생의 직접적인 요인은 사용자 측의 물적 요인과 근로자 측의 인적 요인으로 구분할 수 있는데, 사용자 측에서는 산업재해에 대한 안전대책이나 예방대책의 미비, 부실이 주요 원인이 될 수 있으며, 근로자 측에서는 근로자의 피로, 작업상 부주의나 실수, 작업상 숙련미달 등을 주된 원인으로 들 수 있다.

또한 2022년부터는 중대한 산업재해 및 시민재해를 방지하고자 '중대재해처벌 등에 관한 법률'을 제정하여 실시하고 있다. 여기서 '중대재해'란 산업안전보건법에 따른 산업재해 중 ① 사망자가 1명 이상 발생, ② 동일한 사고로 6개월 이상 치료가 필요한 부상자가 2명 이상 발생, ③ 동일한 유해요인으로 급성중독 등 대통령령으로 정하는 직업성 질병자가 1년 이내에 3명 이상 발생한 재해를 말한다. 중대재해는 그 결과가 극히 심각하므로 이를 예방하고자 사업주 또는 경영책임자 등에게 안전 및 보건 확보 의무를 부여하고 있는데, 이들의 고의 또는 중대한 과실로 중대재해가 발생한 경우에는 1년 이상의 징역 또는 10억 원 이하의 벌금에 처하도록 하고 있다.

VII. 단체교섭

1. 단체교섭이란?

단체교섭은 노동조합과 사용자 또는 사용자단체와의 사이에서 근로조건 또는 노사관계에 관한 사항에 대하여 집단적으로 합의에 도달할 것을 목적으로 교섭하는 사실행위를 말하는데, 이는 헌법(제33조 제1항)이 보장하고 있는 권리로서 정당한 단체교섭에 대해서는 민·형사상 면책이 되며(노동조합법 제3조), 사용자가 정당한 사유 없이 단체교섭을 거부하는 경우에는 부당노동행위가 성립할 수 있다(노동조합법 제81조 제3호).

2. 단체교섭의 주체

'단체교섭의 당사자'란 단체교섭을 자신의 이름으로 수행하며 그 법적 효과의 귀속 주체가 되는 자를 말하는데, 노동조합의 경우에는 당해 노동조합이, 사용자의 경우에는 당해 사용자 또는 사용자 단체가 된다. 여기서 단체교섭의 주체로서 노동조합은 노동조합법상의 '법내노조'여야 한다. 다만 법외노조도 단체교섭을 요구할 수는 있으나, 사용자가 이를 거부하더라도 부당노동행위가 성립되지 않음에 유의할 필요가 있다.

이와 관련하여 연합단체나 지부 및 분회도 단체교섭의 당사자가 될 수 있는지 문제가 된다. 이에 대해서는 연합단체의 경우, 단순한 연락·협의기관에 지나지 않은 경우에는 단체교섭의 당사자가 될 수 없으나, 노동조합의 실질적 요건과 조직성을 갖추고 있는 경우에는 그 단체의 독자적인 사항 및 소속 노동조합의 공통적인 사항에 대해서는 그 단체 고유의 단체교섭권을 가질 수 있다는 것이 판례의 입장이다. 지부 및 분회의 경우에도 마찬가지로 그 자체가 하나의 노동조합으로서 조직을 갖춘 경우에는 고유한 사항에 대해서는 교섭권을 가지나 상부조직의 통제에 따라야 한다.

CASE

B방송사의 K노조는 회사와의 단체교섭에서 ① 새로 부임하는 사장은 친기업적인 정서를 가진 인물이기 때문에 그에 대한 인사를 철회할 것, ② 인원삭감을 동반하는 전면적인 조직개편을 즉시 중단할 것을 끝까지 주장하였다. 이에 대해 회사는 "점진적으로 검토하겠다"라는 말만 되풀이 할 뿐 협상이 아무런 진척을 보이지 않자, B노조는 더 이상 단체교섭을 하는 것은 무의미하다는 판단아래 파업에 돌입했다. 이러한 B노조의 행동은 정당한가?

☞ Check Point : 성실교섭의무 위반과 부당노동행위, 단체교섭 및 쟁의행위의 대상

---

3. 단체교섭의 대상

현행 노동조합법은 단체교섭의 대상과 관련하여 근로조건의 향상 및 임금·근로시간·복지·해고 기타 대우 등을 근로조건으로 규정할 뿐 구체적인 규정을 두고 있지 않다. 따라서 구체적으로 어떤 사항이 단체교섭의 대상으로 되는지가 문제가 된다. 단체교섭사항은 일반적으로 의무적 교섭사항과 임의적 교섭사항, 위법적 교섭사항으로 구분할 수 있다.

이 중에서 '의무적 교섭사항'이란 사용자에게 교섭응낙의무가 발생하는 것으로 임금, 근로시간, 기타 근로조건에 관한 것이 여기에 해당하며, 사용자가 정당한 사유 없이 교섭을 거부하는 경우에는 부당노동행위가 성립한다. 이에 비해 '임의적 교섭사항'은 사용자가 임의로 교섭에 임하는

것은 상관없으나, 이를 거부하더라도 부당노동행위에 해당하지 않으며, 이를 이유로 쟁의행위를 할 수 없다. '위법적 교섭사항'은 노사가 합의를 하더라도 강행법규나 사회질서에 반하므로 무효가 된다.

단체교섭과 관련하여 간혹 문제가 되는 것은 인사경영에 관한 사항도 단체교섭의 대상이 되는지의 여부이다. 이에 대해서는 사용자 고유의 경영권에 속하는 사항은 원칙적으로 단체교섭의 대상이 될 수 없지만, 근로조건과 밀접한 관계에 있는 사항에 대해서는 단체교섭의 대상이 될 수 있다는 것이 판례의 입장이다.

4. 교섭창구 단일화 및 교섭단위 분리

우리나라에서는 2010년부터 복수노조체제를 본격적으로 도입하면서 한 사업장에 2개 이상의 노동조합이 병존하는 경우에는 교섭대표노조로 하여금 단체교섭을 하게 하는 소위 '교섭창구 단일화' 제도를 도입, 운영하고 있다(노동조합법 제29조의2 참조). 단 교섭대표노조의 자율적 결정 기간 내에 사용자가 창구단일화절차를 거치지 않기로 동의한 경우에는 예외적으로 각 노조가 자율적으로 교섭을 할 수 있다.

교섭창구단일화에는 모든 노동조합이 참여할 수 있는데, 다만 노조 조직률이 10% 미만인 경우에는 제외된다. 교섭대표노조는 자율적인 투표 등의 방식을 통해서 결정하는데, 자율적 창구단일화에 실패할 경우에는 참여 조합원 과반수노조(연합노조 포함)가 교섭대표노조가 된다. 만약 과반수노조가 존재하지 않는 사업장의 경우에는 노동위원회가 해당 노동조합의 신청에 따라 조합원 비율을 고려하여 공동교섭대표단을 구성할 수 있다.

자율적 교섭창구단일화 과정에 이의가 있는 노동조합은 노동위원회에 이의신청을 할 수 있다. 또한 하나의 사업 또는 사업장에서 근로조건이나 고용형태, 교섭관행 등에서 현격한 차이가 있는 경우에는 노동위원회에 교섭단위를 분리해줄 것을 신청할 수 있다(제29조의3).

VIII. 쟁의행위

1. 쟁의행위의 개념과 종류

헌법(제33조 제1항)은 근로자에게 노동조합을 조직할 권리(단결권)와 노동조합을 통하여 단체교섭을 할 권리(단체교섭권)와 함께 근로자에게 집단으로 행동할 수 있는 권리(단체행동권)를 보장하고 있다. 노동조합법(제2조 제6호)은 쟁의행위의 개념에 대해 "파업·태업·직장폐쇄 기타 노동관계 당사자가 그 주장을 관철할 목적으로 행하는 행위와 이에 대항하는 행위로서 업무의 정상적인 운영을 저해하는 행위"라고 규정하고 있다.

여기서 '파업(strike)'이란 다수의 근로자가 하나의 단결체를 형성하여 근로조건의 유지·개선을 목적으로 근로제공을 거부하는 행위를 말한다. '태업(slow down)'이란 다수의 근로자가 하나의 단결체를 형성하여 근로조건의 유지·개선을 목적으로 조직적인 방법에 의해 작업능률을 저하시키는 행위로서 노무제공을 전면적으로 거부하는 파업과는 달리 임금소멸의 불이익을 완화시키면서 업무저해를 도모하는 행위(준법투쟁, 특정 사내시설 이용 거부 등)이다. '직장점거'란 파업에 참가한 근로자들이 단결을 유지하고 파업의 실효성을 확보하기 위하여 사업장에 체류하는 부수적인 행위를 말한다(다만, 판례에 따르면, 부분적·병렬적 점거는 허용되나, 전면적·배타적 점거행위는 허용되지 않음).

그 외에도 노조가 쟁의행위의 상대방인 사용자의 제품불매를 호소하는 '보이콧(boycott)'과 파업참가자의 파업이탈을 방지하거나 또는 파업동참을 유도하는 '피케팅(picketing)'이 있다. 다만 보이콧의 경우에도 사용자와 거래관계에 있는 제3의 기업에 대한 보이콧(secondary boycott: 2차 보

이콧)은 허용되지 않으며, 또한 피케팅의 경우에도 평화적인 설득이나 호소에 그쳐야지 무력이나 폭력을 동반해서는 아니 된다.

마지막으로 사용자는 노동조합이 파업이나 태업 등으로 노무제공을 거부 또는 불완전하게 노무제공을 하는 경우, 이에 대항하여 노무수령을 거부함으로써 임금지급의무를 면하는 '직장폐쇄(lockout)'가 있다. 직장폐쇄는 노동조합의 쟁의행위에 대한 사용자의 일종의 '방어권의 행사'이므로, 선제적·공격적으로 이루어져서는 아니 되며, 쟁의행위가 발생한 이후에 소극적·방어적으로 이루어지는 경우에 정당성을 인정하는 것이 판례의 입장이다. 따라서 노동조합이 파업을 중단하거나 단체교섭을 요구해오는 경우에는 사용자도 단체교섭에 응해야 하며, 노동조합이 항복할 때까지 직장폐쇄를 유지하는 것은 방어권 남용으로 해석될 수 있다.

가전제품을 제조·판매하는 H사는 종업원만으로 구성된 D노동조합과 구조조정의 내용을 둘러싸고 장기간 협상을 하였으나 양쪽의 의견이 심하게 대립하여 단체교섭이 결렬되었다. 그러자 노동조합은 회사경영진에 대한 인신공격과 회사오너의 개인적인 비리 등을 폭로하면서 무기한파업에 들어갔다. H사는 D노조가 파업에 돌입한지 3일째 되는 날에 직장폐쇄를 단행하였다. 이에 D노조는 H사측의 직장폐쇄 철회를 요구하는 단체교섭을 요구하였으나, H사는 D노조가 정상적으로 업무에 복귀하겠다는 약속을 하지 않는 한 직장폐쇄를 철회할 수 없다고 통보해왔다. 이러한 H사의 조치는 과연 정당한가?

☞ Check Point : 불법파업과 직장폐쇄의 정당성

2. 쟁의행위의 정당성 요건

이와 같이 단체행동권을 보장함으로써 근로자가 정당한 단체행동권을 행사했을 때는 다음과 같은 3가지 법적 보호를 받을 수 있다. 예를 들어 ① 형법상 범죄를 구성하는 행위(예를 들어 불법퇴거죄나 기물손괴죄)라 하더라도 처벌하지 않는 형사면책(노동조합법 제4조), ② 민법상 채무불이행이나 불법행위로서 손해배상의 대상으로 되는 행위라도 손해배상 책임을 지지 않는 민사면책(노동조합법 제3조), ③ 이러한 행동을 이유로 해고, 배치전환, 징계처분 등 불리한 취급을 받지 않을 권리(노동조합법 제81조)가 바로 그것이다.

쟁의행위가 적법한 것으로 보호를 받기 위해서는 ① 목적·방법 및 절차에 있어서 법령 기타 사회질서에 위반되어서는 아니 되며, ② 조합원은 노동조합에 의하여 주도되지 아니한 쟁의행위를 하여서는 아니 되며, ③ 노동조합은 사용자의 점유를 배제하여 조업을 방해하는 형태로 쟁의행위를 해서는 아니 된다(노동조합법 제37조). 따라서 비승인 파업(wildcat strike)이

나 정치파업, 동정파업 및 폭력이나 파괴를 동반하는 파업과 조정이나 중재절차를 무시한 파업은 정당성이 부인된다.

IX. 부당노동행위

1. 부당노동행위란?

정당한 노사관계 하에서 공정하고 원활하게 단체교섭이 이루어지게 하려면 어떻게 해야 할까? 노동조합법은 이를 위해서 노동조합 및 조합원에 대한 사용자의 불공정한 행위를 부당노동행위(unfair labor practice)라고 하여 이를 금지하고 있다(제81조). 만약 사용자가 이 규정에 위반하여 부당노동행위를 한 경우에는 2년 이하의 징역 또는 2천만 원 이하의 벌금에 처해지게 된다(제91조).

2. 부당노동행위의 종류

노동조합법에서 금지하고 있는 부당노동행위의 유형으로는 ① 조합원인 것과 정당한 노조활동을 했다는 이유로 인사 또는 경제적으로 불이익을 주는 행위(불이익 취급; 제81조 제1호 및 5호), ② 노동조합의 단체교섭을 정당한 이유 없이 거부하는 행위(단체교섭거부; 동조 제3호), ③ 노동조합의 조직이나 운영을 지배·개입하거나 또는 급여나 운영비를 원조하는 행위(지배개입·경비원조; 동조 제4호), ④ 근로자가 특정 노조에 가입할 것 또는 탈퇴할 것을 고용조건으로 하거나 특정 노조의 조합원이 될 것을 고용조건(다만 노조가 당해 사업장 근로자의 2/3 이상을 대표하는 경우에는 예외임)으로 하는 행위(황견계약; 동조 제2조) 등이 있다.

3. 구제절차

우리나라에서는 미국과는 달리 사용자에 대해서만 부당노동행위를 인정하고 있는 것이 특징인데(이 점에서 일본과 동일), 사용자의 부당노동행위로 인하여 권리를 침해당했다고 생각하는 노동조합이나 조합원은 그 행위가 있은 날(계속되는 행위는 그 종료일)로부터 3개월 이내에 노동위원회에 구제신청을 해야 한다(노동조합법 제82조).

우리나라에서는 부당노동행위에 대한 구제방식으로 원상회복주의와 함께 처벌주의를 병용하고 있다. 다시 말해서 미국이나 일본이 부당노동행위에 대한 구제방식으로 원상회복주의를 원칙으로 하고 있는 것과는 달리, 우리나라에서는 사용자에 대한 형사적 처벌을 전제로 하고 있다는 점이 특징적이다.

CASE

J사에는 수년전에 결성된 온건파 노동조합과는 별도로, 올해 들면서 전국적 조직의 강경파 노동조합의 지부가 결성되려는 움직임이 무르익어가고 있다. 이런 상황에서 다음과 같은 행위는 법적으로 아무런 문제가 없는가?

① 사장이 시무식에서 현재 불경기를 극복하기 위해서는 노조활동보다 생산성 향상에 보다 매진할 것을 당부하는 행위

② 인사부장이 새로이 노동조합을 조직하려는 핵심 근로자들과의 회식 자리에서 노조결성 포기를 집요하게 종용하는 행위

③ 회사가 온건파 노동조합의 각종 자체행사에 격려금을 전달하는 행위

☞ Check Point : 부당노동행위의 종류(노동조합법 제81 조)

X. 노동분쟁의 해결

노동분쟁은 노사(勞使) 간 또는 노노(勞勞) 간과 같이 조직체 내부에서 발생하는 특징이 있다. 따라서 노동분쟁은 노사 또는 노노 당사자가 자율적으로 해결하는 것이 가장 바람직하다. 하지만 모든 분쟁이 그렇듯이 자율적으로만 해결되지는 않는다. 특히 노동분쟁의 경우에는 기존의 권리·의무관계를 다투는 '권리분쟁'보다 오히려 향후의 권리의무관계의 설정을 둘러싼 소위 '이익분쟁'이 많은 것이 특징이다. 예를 들어 임금인상이나 근로시간 단축을 둘러싼 노사 간 분쟁이 전형적인 이익분쟁인데, 이런 분쟁은 일도양단의 재판에 의하기보다 조정을 통한 해결이 바람직하다. 이러한 노동분쟁의 특징을 고려하여 재판절차와는 별도로 노동위원회와 같은 행정기관을 통한 행정구제절차를 마련하고 있다.

1. 행정구제제도(노동위원회)

노동위원회제도가 도입될 당시에는 노동쟁의 및 부당노동행위와 같은 집단분쟁을 해결하기 위한 독립된 행정기관이었으나, 점차 그 관할 영역이 확대되어 현재는 해고와 비정규직 및 성적 차별, 직장 내 괴롭힘에 이르기까지 사실상 노동분쟁의 9할 이상이 노동위원회에서 해결되고 있다고 해도 과언이 아니다.

노동위원회는 노동분쟁의 특수성을 고려하여 노·사·공익을 대표하는 3자 위원으로 구성되며, 중앙노동위원회 산하에 13개 지방노동위원회로 구성되어 있다. 노동위원회는 해고나 부당노동행위와 같이 권리분쟁을 해결하기 위한 '심판위원회'와 노동쟁의와 같은 이익분쟁을 조정하기 위한

'조정위원회', 비정규직에 대한 차별시정을 위한 '차별시정위원회'를 비롯하여 중재위원회와 교원 및 공무원 관계 조정위원회 등이 있다.

노동위원회는 법원과는 달리 노동분쟁 전담 해결기관으로 신속하고 저렴하게 노동분쟁을 해결하는 것이 최대의 장점이라고 할 수 있다. 특히 노동위원회는 노동분쟁을 일도양단하는 법원과는 달리 화해(settlement)와 조정(mediation), 중재(arbitration)를 통하여 보다 유연성 있게 분쟁을 해결할 수 있어 노동분쟁 해결을 위한 '대안적 분쟁해결기관(ADR; alternative dispute resolution)'으로서 주목을 받고 있다.

2. 사법구제제도(법원)

법원은 노동분쟁에 있어서도 최종적인 판단기관이라는 점에서는 변함이 없다. 근로계약 관계를 둘러싼 분쟁은 민사재판절차에 의하게 되며, 노동위원회 결정에 불복하는 소송은 행정소송절차에 따라 해결되게 된다(행정소송의 경우에는 지방노동위원회 → 중앙노동위원회 → 행정소송 1심 → 2심 → 3심으로 5심이 될 수도 있음).

노동분쟁은 다른 법적분쟁과는 달리 향후의 권리·의무관계의 설정을 둘러싼 이익분쟁이 많으므로 재판보다는 ADR기능을 통한 해결에 적합하다. 그래서 법원에서도 노동사건을 본안에 넘기기 전에 조정을 통하여 합의에 의한 해결을 꾀하는 절차를 두고 있는 경우도 많다. 그런 의미에서 재판을 통한 사법구제제도는 노동분쟁의 자주적 해결기능을 보완하거나 종국적 해결을 위한 수단으로 활용되는 것이 가장 바람직하다.

memo

사항색인

[ㄱ]

간접적인 의사소통 76

갈등에서 분쟁으로의 임계점 18

개방적인 질문 87

개방적 질문 96

개별적 노동관계법 163

경영상의 이유에 의한 해고 184

경청의 걸림돌 77

고령자법상의 고용차별금지 190

고용상의 차별 금지 187

고충근로자 101

공적 중재 153

공적 화해·조정 121

교섭단위 분리 194

교섭창구 단일화 195

권리남용법리 171

권리분쟁 201

근로계약 166, 167

근로기준법상 근로자 174

근로기준법상 사용자 176

근로시간 181

근로자 174

근로조건 법정주의 162, 165, 180

기간제법 및 파견법상의
  고용차별금지 188

긴급조정제도 152

[ㄴ]

나-메시지 88, 89, 90

남녀고용평등법상의
  고용차별금지 189

너-메시지 88, 89

노동기본권 161, 162

노동법의 분쟁 해결 논리 24

노동분쟁 121

노동분쟁의 특징 20

노동분쟁의 해결 201

노동시장법 164

노동위원회 201

노동조합 177

노동조합법상 근로자 175

노동조합법상 사용자 176

노동조합의 요건 178

노사의 협상력을 결정하는 요인 33

노사자치규범 165

노사자치주의(voluntarism) 165

노사 협상이 난관에 빠지는 이유　46

[ㄷ]

단체교섭　192

단체교섭의 당사자　192

단체교섭의 대상　193

단체교섭의 주체　192

단체협약　171

단체협약의 구성　172

단체협약의 유효기간　173

단체협약의 효력　172

대안적 분쟁해결　115, 117, 202

[ㅁ]

마르쿠스 아우렐리우스와 화해인과
　조정인의 유의사항　45

맞춤형 화해·조정 방식　137

문제해결의 촉진자　128

문제해결 전략　35

[ㅂ]

바꾸어 말하기　131

보이콧(boycott)　196

보충적 효력　162

부당노동행위　199

부당노동행위의 유형　199

분쟁 당사자의 상호대응 방식　21

분쟁을 해결해도 유감이 남는 이유　21

분쟁 해결의 논리　22

분쟁 해결의 3가지 논리　22

분쟁해결 절차의 설계 및 관리자　127

비언어적 메시지　71, 75

[ㅅ]

사람은 이기적인가?　17

사람은 합리적인가?　17

사법구제제도(법원)　202

사업의 경영담당자　176

사업주　176

사용자　176

사적 중재　153

사적 화해·조정　121

사회통념상 합리성　171

산업재해　191

3금(禁)정책　161

설득의 성공 요소　38

성공한 협상과 실패한 협상　29

소송　118

수습　169

시민법원리　162

시민법원리의 수정　161

시용　169

[ㅇ]

아리스토텔레스의 설득의
　3가지 요소　38

앞으로 예상하고 뒤로 추리하기　41

양보를 잘하는 법　40

양보 추구 전략과 문제해결 전략　35

언어적 메시지　71, 75

역기능적 의사소통　74

위법적 교섭사항　194

위협과 약속　39

유리조건 우선의 원칙　166

의무적 교섭사항　193

의사소통 매개자　128

이익분쟁　201

이익의 논리　100

이중메시지　75

인사이동　182, 183

일반 취하　147

임금　180

임금피크제　170

임의적 교섭사항　193

임의중재　153

입장을 이익으로 바꾸기　42

입장중심의 협상　98

[ㅈ]

자기 본위 편향　93

자발성과 동의　125

쟁의행위　196

쟁의행위의 개념　196

쟁의행위의 개념과 종류　196

쟁의행위의 정당성 요건　198

적극적 경청　92

적극적 듣기　131

전통적 분쟁해결　115

전환형 화해·조정　136

정보 교환　38

조력된(assisted) 협상　116

조정　121

조정 불성립　148

조정 성립　149

조정 연계 중재　154

종속근로　175

주52시간제　182

중대재해　191

중대재해처벌 등에 관한 법률　191

중립성　125

중재　119, 152

중재 연계 조정　155

직권중재　153

직률적 효력　162

직장 내 괴롭힘　186

직장점거　196

직장폐쇄(lockout)　197

질문하기　131

집단적 노사관계법　164

집단적 동의　170

징계해고　184

[ㅊ]

채용내정　168

첫 번째 제안과 논의의 틀　39

촉진　120

촉진형 화해·조정 132
취업규칙 169
취업규칙 불이익 변경 170

[ㅌ]
탄력적 근로시간제 182
태업(slow down) 196
통상임금 181
통상적인 해고 184

[ㅍ]
파레토 법칙과 협상 36
파업(strike) 196
판정형 화해·조정 135
평가형 화해·조정 133
평균임금 180
폐쇄적 질문 96
프란시스 베이컨의 편견과
    4대 우상 18
피케팅(picketing) 196

[ㅎ]
합의 취하 147
해고 184
행정구제제도 201
행정지도 150
협상 119
협상 가능 영역 27, 28
협상과 분쟁 해결의 유형 25

협상 과정의 확대와 정교화 126
협상 내외부 의사소통 57
협상 성향의 차이 52
협상 스킬의 가치 62
협상 이익의 다면성 53
협상력 31
협상력의 결정 요인 31
협상에 나설 때와 아닐 때 27
협상에서 승자와 패자는 없다 29
협상에서 승자의 저주 61
협상의 규칙과 프로토콜 56
협상의 난항과 화해조정 등의 활용 44
협상의 심리적 문제와 유형 58
협상의 윤리 60
협상의 이슈와 난이도 53
협상의 이익 27
협상의 전술적 행동 41
협상의 준비와 문제의 진단 55
혼합적(hybrid) ADR 모델 118
화해 121
화해·조정 105, 115, 116, 119, 120
화해·조정 동의단계 138
화해·조정이 필요한 상황 123
화해·조정 이후 단계 143
화해·조정 중지 145
화해·조정인 92, 105, 106, 108
화해·조정인의 역할 127
화해·조정인의 자질과 역량 129
화해·조정회의 실행단계 141

확산적 사고 93   휴게·휴일 182
확증 편향 93

집필진 약력

김태기(withkim21@naver.com)

현장을 중시하는 노동경제학자로 이론과 실제의 통합적 연구를 추구해왔다. 현재 중앙노동위원회 위원장을 맡고 있으며 분쟁의 평화적 해결을 넘어 신뢰사회 구축에 힘을 쏟고 있다. 우리나라 최초로 단국대학교에 분쟁해결연구소를 설립했고, 한국노동경제학회 회장을 역임했다. 주요 저서로 협상의 원칙(사회평론, 2003), 분쟁과 협상(경문사, 2007), 분쟁 조정의 경제학(한국노동연구원, 1990), 노사분쟁조정에 관한 연구(한국노동연구원, 1999) 등이 있다.

김학린(haklin.kim@gmail.com)

뉴욕주립대학교(Binghamton)에서 정치학 박사를 취득했으며, 현재 단국대학교 경영대학원 협상학과 교수로 재직 중이다. 갈등학회 회장, 대입제도개편공론화위원회 위원, 가습기살균제피해구제조정위원회 위원 등을 역임했으며, 현재는 중앙노동위원회 공익위원(조정)으로 활동하고 있다. 주요 저서로는 「갈등관리화 협상」(노스보스, 2018), 「한국사회 공론화 사례와 쟁점」(박영사, 2020), 「다수가 옳다는 착각」(지식노마드, 2021, 역서) 등이 있다.

서광범(kbsuh21@hanmail.net)

경희대학교 대학원에서 노동경제학을 전공하고 한국노동교육원과 한국기술교육대학교 고용노동연수원에서 교수로 근무했다. 2015년부터 경기지방노동위원회 공익위원으로 활동하며, 300여 건의 노동쟁의 조정사건과 600여 건의 개별노동분쟁사건의 화해회의를 진행하면서 "화해의 달인"이라는 별칭을 얻고 있다. 수원고등법원과 가정법원의 조정위원으로도 활동하고 있으며 강의를 비롯하여 기업의 노사관계 및 노동문제 컨설팅을 수행하고 있다.

윤광희 (lifeykh@naver.com)

노동법 박사이며 공인노무사. 한국고용노동교육원 창립멤버로 노사정공동체 가치실현을 위해 노력해오다가 IMF 당시에 희망퇴직하였다. win-win협상과 고충처리상담 교육 프로그램 등으로 산업현장의 갈등을 예방하고 치유하는 활동에 전념해 34년 동안 5,000회 이상의 강의를 해오고 있다. 주요저서로 「고용관계법규」(박문각, 1999), 「고충처리상담기법」(범신사, 2010) 등이 있다. 동국대, 한경국립대 등에서 노동법을 강의하였으며 충북지방노동위원회 공익위원이다.

이 정(leejohn@hufs.ac.kr)

동경대학 법학부 법학연구생·석사·박사, 큐슈(九州)국립대학 법학부 교수, 한국
고용노사관계학회 회장, 한국노동법이론실무학회 회장, 한국외대 로스쿨 원장 등
을 역임하였으며, 현재는 중앙노동위원회 공익위원으로 활동하면서 강의와 집필
활동을 하고 있다.

주요 저서로는, 「노동법체계의 새로운 지평」(법문사, 2023)을 비롯하여 「解雇紛
爭解決の法理」(信山社, 2001), 「整理解雇と雇用保障の韓日比較」(日本評論社, 2002),
「노동법의 세계」(지식출판원, 2015), 「일본노동법」(법문사, 2015) 외 다수가 있다.

노동분쟁해결 시리즈 1
ADR ― 대안적 분쟁해결 제도 ―

초판발행	2024년 4월 1일
지은이	김태기·김학린·서광범·윤광희·이 정
펴낸이	안종만·안상준
편 집	이승현
기획/마케팅	정연환
표지디자인	이수빈
제 작	고철민·조영환
펴낸곳	(주)박영사
	서울특별시 금천구 가산디지털2로 53, 210호(가산동, 한라시그마밸리)
	등록 1959. 3. 11. 제300-1959-1호(倫)
전 화	02)733-6771
f a x	02)736-4818
e-mail	pys@pybook.co.kr
homepage	www.pybook.co.kr
ISBN	979-11-303-4729-5 93360

정 가   20,000원